ひとつ上をいく卒論・修論を書くための
心理学理論ガイドブック

山本 睦・加藤弘通 編
Chika Yamamoto & Hiromichi Kato

Student's Guidebook for Theories of Psychology

ナカニシヤ出版

はじめに

続編を執筆するにあたって：4年の月日がもたらした変化

　2007年に出版した『卒論・修論をはじめるための心理学理論ガイドブック』は，編著者たちが予想した以上に多くの学生さんが手に取ってくれました。勉強会やゼミなどで取りあげて，議論のネタにしてもらったことをたいへん嬉しく思っています。この本は，その続編として企画されました。再びこのような本を出版しようと思った契機は以下のようなものでした。

　私のゼミでは，2年生から4年生までがいっしょになって授業の時間外に行なうサブゼミのなかで「ガイドブック」をよく利用しています。何代かのゼミ生たちが各章について切っていったレジュメの数が増えていくにつれ，出版当初の学生と，先輩たちのレジュメを見聞きしたあとで自分のレジュメを切っていく今の学生の間での反応の違いを感じるようになってきました。それは，私たちが「ガイドブック」を通じてもっとも期待していた「メタ読み」の試みから，もっとも危惧していた「要約本」としての利用へという良くない方向への変化であったように思います。

　出版してすぐの頃は，内容の要約よりも論点の出し方におもしろさがあるレジュメだったように思います。例えば，私が執筆したガードナーの章（前掲書，Pp.133-143）については，「『みんないっしょ』という横並び意識を貫くことで得するのは誰か」とか「『あなたの子どもの才能を伸ばす』といって嫌がる親はいないと思うが，何のために才能教育とか英才教育という言葉を否定しているのか」といった，次の課題につながるような論点が発表されました。しかし，先輩たちが切ったレジュメを読んでレジュメ切りに挑戦する学生たちは，この本のある特徴に頭を悩ませるようになってきました。それは，先輩のレジュメに書いてある内容の部分部分が，編著者の意見なのか，それとも取りあげた本の著者の意見なのか，さらには単なる先輩の意見なのか捉えられないし，その三者を区別したうえでレジュメにすることが難しいということでした。おそら

くそこから先は国語の時間に要求されてきた「読解力」の問題となってしまったのでしょう。それに伴い無理にあげてきた論点も、「一次元可逆操作とは、保育の現場で具体的にどんなことを指すのか」とか「子どもの最近接領域をどうやって保育者が判断するのか」といった「How to の答えを誰か教えて下さい」的な投げかけになってしまいました。

　なぜこの変化が好ましくないのでしょうか。その前に、私たちがこの本を通じてみなさんに伝えたい「メタ読み」について、おさらいしておきましょう。「メタ読み」とは、今読みこなそうとしている「理論」を、他の学者の理論や同じ著者の別の文献で展開されている理論と擦り合わせることで理解しようとする読み込み方です。しかし、いわゆる真面目な学生は目前の本の中身を正確に理解する、というより覚えようとするため、「メタ読み」ができなくなりがちです。つまり、「How to」の答え、しかも多くの場合は1つの正答を得るような論点しか出てこないということは、理論の中身をまとめて理解したい、あるいは他人に「○○って何？　どうすればいい？」と聞かれたらスラスラ答えられる自分になるために、この本を利用しているということです。これでは、「ガイドブック」は「メタ読み」とは遠い、「○○分でわかる名作」といった類いの本と同じ機能しか果たせていないのではないでしょうか。

　「ガイドブック」が「メタ読み」の事例を集めたものであることを考えると、こうした傾向からの軌道修正を図るには、さらに事例を蓄積していくことが必要であると感じました。

「理論を使いこなす」とは

　前回の「ガイドブック」の帯に書かれたコピーは、「理論を『メタ読み』して使いこなそう」でした。先述の「How to」の答えを導くような問いでも、実践での応用について訊ねているのだから、理論を使いこなしているではないか、といった反論が聞かれそうです。しかし、そこには根本的な違いがあると思います。「How to」の答えを導くような思考は、ただ1つの正答を探し求める姿勢がその背後にありますが、「メタ読み」とは解釈の多様性を導くものです。収束的思考よりも拡散的思考、つまりただ理論に対して受け身であるのではなく、自分のオリジナルな読み取りのアイディアが生まれてくるような理論へ

の接し方が必要なのです。論文を書く際の先行研究の読みに必要なのは,「どこに隙間があるのか」を見つけることです。その隙間にアプローチすることを「これまでの研究では,〜がなされていない。したがって本研究では〜」という言い回しで,みなさんが宣言することになるからです。

ある理論に対して,「1つの正答」を求めるような接し方をしていると,正答ではなさそうな解釈や理解は切り捨てられてしまうので,隙間を見つけることができません。隙間＝自分独自の視点を見つけるためには,「これはこういう読み方もできるだろう」とか「何かすっきり腑に落ちないなぁ」という,常に別の可能性が考えられる態勢で理論に接することが大事になってきます。この本に書かれている解釈を「1つの正答」だと思って覚えようとする「要約本」としての利用は,筆者たちの意図とはまったく異なります。この本に書かれている内容は,ある理論が展開している本についての1つの解釈例にすぎません。各解釈例を読んで興味を持ったのなら,ぜひ原典にあたってください。そして,この本で書かれていたこととは異なる解釈の可能性を探ってください。その作業が隙間,言い換えると自分独自の視点を見つけることにつながると思います。

この本の構成

前書「心理学理論ガイドブック」をお持ちの読者はすでにご存知だと思いますが,各章は以下の4つの節を持つ共通の形式で書かれています。この本で初めて「心理学理論ガイドブック」を手にした読者のために,再度その説明を載せておきます。

① A：abstract　　内容の要約。——本のなかで展開されている理論の内容を簡単にまとめています。あくまで簡単な要約ですので,ここだけ丸写しにしてレポートを書こうとしても,おそらく高い評価は得られません。そういう場合は,他の解説本を参照されたほうが良いでしょう。

② B：background　　理論が書かれた歴史的／社会的／人物（相関図）的背景。——理論というものは,必ず既存の理論を踏み台にして誕生するものです。したがって,「時代が要請した」とか「時代の波にのって」といった言葉で説明されるように,どの「理論」にもそれが生み出された時と場所から成る背

景があります。この背景は次のCの節の前提となるものです。もう少し丁寧に言うと，その「理論」が新しいものとして受け入れられたということは，同時にそれまで支配的だった「理論」を古いものにしてしまった場合が多いのです。ここでは，その古いものにされてしまったものが何なのかを読み込む作業をします。ただし，生育史分析のように，生育史と理論の中身を「因果的」に結びつけて解釈するということは行なっていません。ここで扱っているのは，「理論家」を理解することではなく，「理論」をどう読むかということだからです。生育史的背景が知りたい人は，自伝も含めさまざまな伝記や人物史研究にあたることをお薦めします。

③ C：creativity　　創造性。――その「理論」のどこが新しいのか，どこが社会的に評価されているのかを詳述します。もっと簡単な言葉で言ってしまえば，「その理論のどこが面白いのか」ということです。この本では，古典とよばれる著作から，1990年代以降の著作まで，幅広くランダムに取りあげています。最近の著作が新しさを持っているのはもちろんですが，古典的な理論は数多くの批判に曝されながらも見直されたり再解釈されたりして，評価され続けています。各理論のどこに新しさ，斬新さがあるのかを描きだします。

④ D：direction　　応用可能な方向，処方箋。――「その理論に従うと，世界がどのように見えるのか」ということを書いています。実はこの節がこの本のもっともオリジナルな点だと言えます。普通，理論の解説をしている本はその「理論」の中味を忠実に説明することに力点が置かれています。それは，読者に「理論」を（覚えることに近い形で）理解してもらうことを念頭においているからです。もちろんそれはとても重要なことです。しかし，この本の目的はそのような理論との接し方を勧めるものではありません。この本は，自分が研究をするなかで「使える」ように，「理論」を読むことの手引きです。その目的からすれば，各章の担当者がその「理論」を具体的な現象の説明にどのように使えると考えているのかを示すこの節は，論文を書くための「理論」の接し方を知るうえで有益なのではないでしょうか。前述したように，「自分の興味関心の在処」がわからない人やテーマが具体的に設定できない人には，特にこの節が直接役立つものと思われます。

この本は以上の4つの節を共通にした「メタ読み」の実例集です。この形式を前作から引き継ぎつつ，この本では新たな構成を取り入れました。

今回取りあげる本を選ぶなかで，心理学の〈根〉となる思想はどのように近接領域と結びついているのかを示せるような構成にしたいと考えました。そこで，今回は心理学と社会学との結びつきを意識して章を並べました。心理学のなかでもなにかの現象を人の認知や情動といった内部の要因から説明しようとする理論から，徐々に社会の側に比重が大きくなり，社会学の理論につながるように構成してあります。

どの章から読んでいただいてもよいのですが，1章から順に読んでいくと人間の内側から外側へと人間を説明する視点が移動していくのを感じ取ってもらえるのではないかと思います。視点の移動そのものが，理論の解釈を多様なものにしていく1つの方法でもあります。今回の本では，内容としては書かれていないけれども各章の並びから伝わるようなメタ・メッセージも読み取ってもらえれば嬉しいです。

また，今回は巻末に陳省仁先生へのインタビューも掲載しました。現在心理学を学んでいる読者にとって，あるいは自分の研究テーマと向き合っている読者にとって，これまでの日本の心理学研究や心理学教育における理論の位置づけについて，深く考えるきっかけを与えてくれると思います。自分がこれまで心理学を学んでくるなかで感じた違和感や疑問と擦り合わせながら読んでください。

この本もいずれ「要約本」として利用されてしまうときが来てしまうかもしれません。また何か策を考え，みなさんが理論の世界に接するお手伝いができるよう私たちも考え続けていきたいと思います。

平成23年7月
執筆者を代表して
山本　睦

目　　次

はじめに　i

1　動いて知る
J．J．ギブソン『生態学的視覚論』 ──────────── 1

2　「抵抗」が身体・知性・意志をわがものにする
E．セガン『知能障害児の教育』 ──────────── 13

3　大人を理解するためにはまず子どもから
J．ピアジェ『思考の心理学』 ──────────── 25

4　自閉症の発見を導いた子どもの見方
L．カナー『幼児自閉症の研究』 ──────────── 36

5　子どもの「できなさ」には意味がある
L．S．ヴィゴツキー『新児童心理学講義』 ──────────── 47

6　やりたいようにやることが自由なのか
A．N．レオンチェフ『子どもの精神発達』 ──────────── 58

7　サルが人間になるについての「意図理解」の役割
M．トマセロ『心とことばの起源を探る：文化と認知』 ──────────── 68

8　教育という営みによって我々はなにを目指すのか
J．S．ブルーナー『教育という文化』 ──────────── 80

viii

9 人間の幸せを科学する

M. チクセントミハイ『フロー体験　喜びの現象学』　————— 92

10 いま目の前にある「あたりまえ」を見つめなおす

K. J. ガーゲン『社会構成主義の理論と実践』　————— 103

11 「原因」ではなく「結果」を疑う

S. マクナミー, K. J. ガーゲン『ナラティヴ・セラピー』　————— 114

12 行為から意識をみる

G. H. ミード『精神・自我・社会』　————— 124

13 聖なる出会いに奉仕せよ

E. ゴッフマン『儀礼としての相互行為：対面行動の社会学〈新訳版〉』

————— 137

14 動機は社会をうつす鏡である

C. W. ミルズ『権力・政治・民衆』　————— 147

15 優等生心理学からの脱却—陳省仁氏にきく—　————— 159

あとがき　189

索　引　191

1 ■ 動いて知る

J. J. ギブソン『生態学的視覚論』

古崎敬・古崎愛子・辻敬一郎・村瀬旻訳，サイエンス社，1985 年

〈関連分野〉

感覚，知覚，身体

Abstract　なにが書かれているのか

　心理学の教科書に「感覚」や「知覚」の話題は不可欠です。例えば『ヒルガードの心理学』（スミスら，2010）では「感覚」と「知覚」が順に章立てられています。そこでは，環境の物理的な側面が人間の目や耳といった感覚器官にどう影響するか，感覚器官に与えられた影響をもとに人間はどうやって世界について知るのか，といった問いに対する研究成果がまとめられています。

　人間は世界をどうやって知覚するのでしょう。前掲書（スミスら，2010）では，知覚とは意志決定や行動を行なうために脳内に世界の表象を作り，それを更新し続けることだとされ，そのためには感覚器官に与えられた刺激と，それを解釈するための世界についての仮説が必要となるとしています。これは多くの教科書で採用されている説明の仕方ではないかと思います。

　ところで前掲書（スミスら，2010）には，知覚についてのもう１つの説明がちらりと登場します。それが本書でギブソン（Gibson, J. J.）が提唱する，知覚への「生態学的アプローチ」（ecological approach）です。「生態学的」という言葉の指すところは，棲息する環境に対する生物としての人間のかかわり方から考えていこう，という意味です。このアプローチに立つと知覚はどのような過程として理解できるのでしょう。以下，断りのない限り，目で見て世界を知ること，すなわち視知覚に限定して説明をしていきます。

　普通，視知覚について考える際，「なに"が"見ているのか」から話をはじめ

ます。すなわち，眼球中の水晶体が光を集めて網膜に倒立像を映し，光受容細胞が光をインパルスに変換し，活性化した神経ネットワークが対応する表象を構成するといったように。

　しかし本書は「なに“を”見ているのか」からはじまります。私たちが見る対象，すなわち環境についての記述が延々続くのです。環境と一口に言っても，そこには人間以外にも多様な生物がおり，生きることに関係する環境の特徴はそれぞれ異なります。人間は水に潜るとおぼれますが，逆に魚は陸上では生きられません。人間は環境の中の空気を，魚は環境の中の水を，それぞれ利用して生きています。ある生物が生きるのに利用する環境を生態学では「ニッチ」(niches)とよびます。生態学的アプローチは，人間のニッチがどうなっているのかという問いから出発して，知覚過程を説明しようとします。

　ニッチについて考えていたギブソンは，まったく新しい概念を提案する必要がありました。この環境を特徴づけるものは生命誕生以前から地球上にありました（例えば，水や空気や鉱物です）。現在では生物はそれらを利用して生きています。見方を変えれば，環境はそれらを通じて生物に生きる機会を「提供している」とも言えます。ギブソンはこの点に注目し，生物に提供され，利用される環境中の特徴を「アフォーダンス」(affordance)とよびました。アフォーダンスとはギブソンの造語で，「提供する」という意味の英語“afford”を名詞化したものです。すると，ある生物にとってのアフォーダンスの集まりが，そのニッチを構成すると考えることができます。

　ギブソンによれば，人間が生きるニッチの中で，視知覚のために重要な役割を果たすアフォーダンスは空気が提供するものです。人間をくるむ空気は，上空から降り注ぐ太陽からの光に満ちています。太陽からの放射光は空気中の分子と衝突して散乱します。空気の底まで到達した光は，今度はさまざまな表面に当たってあちこちに散らばります。散乱した光は空気中を漂っていますので，私たちは光にもくるまれていることになります。

　光はあらゆる方向からやってきて，ある一点に集まっています。このような光をギブソンは「包囲光」(ambient light)とよびました。包囲光は共通の頂点を持つ一組の立体角として表現できます。包囲光は構造を持っています。例えば，ある一点を中心として，頭を回転させたとします。回転につれて見える

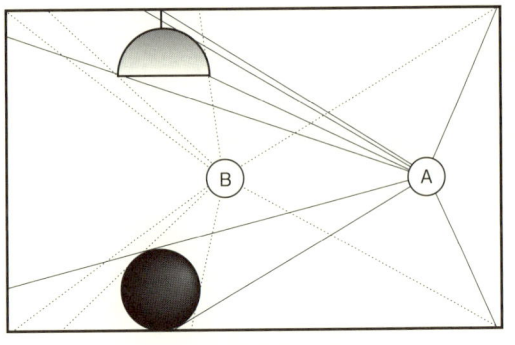

図 1-1　移動によって生じる包囲光配列の変化 (p.78 をもとに作成)

風景は変わります。ある一点に到達する光が，方向によって異なっているからです。こうした光の構造は「包囲光配列」（ambient optical array）とよばれます。

　この環境内にまったく同じ包囲光配列を有する点はありません。観察する点がちょっとずれるだけで配列は微妙に変わるのです。ですから，人間が動くにつれて包囲光配列は切れ目なく変化していきます。室内にある 2 つの観察点 A から B へと移動することを考えてみましょう。図 1-1 の細い線は点 A の，点線は点 B の包囲光配列を示しています。それぞれにおける見えの違いは，包囲光配列の違いとして理解できます。

　しかし，日常的な知覚では，一歩ごとに配列がめまぐるしく入れ替わるようなことはありません。移動に伴って変化する包囲光配列にも変わらない特徴があるのです。その最たるものが足下の大地です。どこまで行こうとも，大地は常に重力の働く方向，すなわち下にあり続けます。そして，包囲光配列のうち大地を特定する構造が変化せずに持続するということが，同時に，大地を基準とした環境の成り立ち方を知覚するための情報となるのです。

　ギブソンは，包囲光配列から情報を抽出することが知覚の実際の過程だと考え，特別に「直接知覚」とよんでいます。ここで言う「情報」はきわめて重要であるにもかかわらず，わかりにくい概念かもしれません。いわゆる情報処理の図式，すなわち知覚の過程を入力から出力に至る内部的な処理という計算機メタファで考えてはいけません。この図式では，人間はただ感覚器に情報が入

4 1 動いて知る

力されるだけの受動的な存在です。直接知覚をする人間はむしろ能動的に環境
から情報を探索するのです。したがって，重要なのは人間の身体的な動きです。
　ですが，その動きも，人間の自由意志がすべてを決定しているのではなく，
その逆で，ギブソンは包囲光配列が私たちを導いていると考えています。人間
は，環境から情報を探索しつつ動き，またその動きは環境中の包囲光配列によ
って制御されている。こうした図式では，環境と人間は，どちらに因果の始発
点があるとも言えない関係にあります。このような関係をギブソンは「相互依
存性」（reciprocity）とよびました（ロンバード，2000）。相互依存性とは，環
境と人間が別個にあって，それらが後からやり取りをしあうという関係ではな
く，むしろ環境と人間が渾然とした全体から徐々に構造化されていくといった
関係性なのです。
　だいぶ毛色の変わった知覚理論だと思われたことでしょう。こうした理論が
生まれた背景には何があったのでしょうか。

Background　どのように生まれたのか

　ギブソンは 1904 年にアメリカに生まれました。彼の思想形成を理解するに
は，この時代のアメリカ哲学界と心理学界の状況として，2 つの流れをおさえ
ておく必要があります。
　第一の流れは，20 世紀初頭のヨーロッパで発展したゲシュタルト派心理学
です。ゲシュタルト派の一般的な前提は，「全体は部分の総和ではない」とい
うものです。「カニッツァの三角形」とよばれる有名な絵を見てください（図

図 1-2　カニッツァの三角形

1-2）。3つの扇形が互いに向き合っているだけですが，3つの頂点の背後に黒い円が隠れた正三角形の輪郭が浮かび上がって見えませんか。刺激としては輪郭がないにもかかわらず，扇形の全体的な配置から三角形が知覚されることから，ゲシュタルト派は，全体（＝三角形）は部分（＝扇形）の総和ではないと主張したのです。ここで重要なのは，扇形同士の置かれた関係性です。いくら扇形が3つあっても，ばらばらに置かれていては三角形は見えません。このように，ゲシュタルト派は知覚する対象を部分に分ける発想ではなく，部分が集まって作られる関係性という観点から全体的な知覚像を説明しようとしました。

　ゲシュタルト派のこの主張は，ギブソンの研究に大きな影響を与えました（リード，2006）。例えば，ゲシュタルト派のレヴィン（Lewin, K.）が提案する「誘発性」という概念がアフォーダンス概念に似ているものとしてギブソン自身指摘しています。誘発性とは，環境内の対象が持つ，人間にある行動をするよう誘う性質のことです。これに従えば，鉛筆は人間に対してその手に持つよう誘発しているわけですが，実際に手招きしているわけではありません。人間がある心理的状態にあり（なにか書きたい），鉛筆が利用可能な状態で目の前にある（きちんと削れている）場合，両者の間の関係性として誘発性が生じるというわけです。ギブソン自身が注意しているように，誘発性とアフォーダンスはまったく同じ概念ではありません。誘発性は人間の欲求に応じて変化する関係的な現象ですが，アフォーダンスは人間がいようといまいと環境内に実在する性質です。

　ギブソンはゲシュタルト派に対して不満も抱いていました。というのも，ゲシュタルト派には，刺激の欠けた部分（カニッツァの三角形で言えば輪郭）を推論して補足し，全体を再構成するのは脳だという前提があったからです。この前提に立つと，心理学が行なうべきことは，脳というブラックボックスの内部の仕組みを明らかにすることとなります。ギブソンはそれに対して，全体像を知覚するのに必要な情報は，すでに環境に実在しており，人間はそれを加工するのではなく利用しているのだとしました。これはまさに直接知覚概念の含意するところですが，このアイディアは人間の内的過程をブラックボックス化する立場に対する批判から生まれたのです。

　ギブソンに影響した第二の流れは，アメリカにおいて発展した哲学，プラグ

6   1 動いて知る

マティズムの伝統です。これは，観念の世界ではなく，現実の物質的側面や，人間の経験する世界の意義を重視する考え方です。多少乱暴にその要諦をまとめれば，物事はなにかの役に立っている限り存在する，というものです。心理学の分野ではジェイムズ（James, W.）がプラグマティズムに基づく体系的な考察を著しましたが，ギブソンに直接影響を与えたのは，ジェイムズの弟子であったホルト（Holt, E. B.）だったようです（リード，2006）。ギブソンは，ホルトからプラグマティズムに基づく「機能主義」（functionalism）という考え方を学びました。

　機能主義は，人間の精神を，環境に適応するために生物種としての人間が進化させてきた機能として捉えます。この立場は，変化を記述するときに特に力を発揮します。ある生物にとっての環境は常に変化しています。変化にある程度対応できた生物は，その行動や精神を環境に対して動的に適応させられることができたものだけでしょう。機能主義は，動的な適応の過程で生まれた機能として，人間の精神を説明するのです。

　伝統的な視知覚実験では，顔を固定して動かないようにしたうえで，ほんの一瞬だけ刺激を網膜上に提示するという方法がよく採用されます。ギブソンはこうした実験で参加者が経験する視覚像を「断片視」とよびました。断片視はごく特殊な経験です。人間が実際に利用しているこの視知覚は，変化しつつ持続する環境に適応させる形で生物が進化させてきたものですから，むしろ知覚研究はさまざまなものが変化するなかでの生物の行動を基礎に置かねばならないのだとギブソンは主張しました。

　全体のなかでの関係性，そして環境に対する動的な適応。これらの考え方はギブソンの理論形成にそれぞれ強い影響を与えました。しかし彼はこれらをただ単に受け継いだだけでなく，1つの理論体系として発展的に統合させたのです（ロンバード，2000）。

　最後に，ギブソンが乗り越えようとした1つの信念についてふれておきましょう。それは二元論です。心理学における二元論は，物と心を分けること，つまり，物理的な仕組みに従わない，心に固有の仕組みを想定する考え方です。二元論は古代ギリシャの哲学以来，脈々と受け継がれてきたものです。

　二元論の問題点は，物理的側面と心的側面のつながり方の説明を棚上げして

しまうことにあります。ゲシュタルト派には二元論的な前提が残っていたため，知覚とは物理的刺激を心が解釈することとして，結果で原因を説明するような構図を作ってしまいました。一方で，プラグマティズムは心的側面を物理的な世界が生み出す機能として捉えることで二元論を乗り越えようとしました。しかし，ホルトがそうだったのですが，物理的世界における行動だけに注目するいわゆる行動主義の立場は，意識を研究対象から外すことで結局は二元論を温存する結果となりました。

　では，ギブソンは二元論をどのように乗り越えたのでしょう。その乗り越え方に，彼の独創性がありました。

Creativity　なにが新しいのか

　ギブソンによる二元論の克服の仕方は非常に独創的でした。二元論を乗り越えるために 2 つのステップが用意されました。まず，環境を生態学的に記述するための概念と用語法が考案されました。次いで，生物とその環境のどちらにも含まれない，言わば両者の接面に起こる現象を記述するための用語法が創出されました。こうして彼は，心理学における一元論的な議論の土台を築いたのです。

　最初のステップから説明しましょう。先述したように，ギブソンは本書を環境についての記述からはじめました。彼によれば，環境は「媒質」（medium）「物質」（substances）「表面」（surfaces）の 3 つの要素から構成されています。媒質は，空気や水など，そのなかを動き回ることが可能なもの。物質は，要は物のことで，そのなかを動き回ることができないものです。媒質と物質が接するところにあるのが表面です。すると人間は，陸地という物質の表面（つまり，地面）に触れながら，空気という媒質のなかを移動する存在だと言えます。

　次のステップは，生物と環境のどちらにも属さない新しい概念を提案することでした。ギブソンの理論の核心としては，一般的にアフォーダンスが紹介されます。しかしここでは，「情報」に注目したいと思います。すでに述べたように，ギブソンにとって生物の知覚過程とは，環境中を動き回ることによってそこに実在する情報を抽出することでした。

8 1 動いて知る

では，そもそも情報とはなんでしょう。「情報」という概念にはさまざまな定義があり，注意が必要です。松岡（1997）は情報の一般的な定義として，次の3つをあげています。すなわち「メッセージが読み取れるもの」（言語，映像など），「区別でき，差異のあるもの」（電気のオンとオフの区別など），「事に柄が読めるもの」（事件を読み解くために必要な手がかりなど）です（松岡，1997，p.10）。

ギブソンの言う情報とは，ある個人にとっての環境がなんであるかを特定するものです。視知覚を例に取ると，知覚者の移動によって連続的に変化する包囲光配列のうち，変化しない部分は環境の不動の構造を特定し，変化する部分は観察者の移動という事実を特定します。そのようなことを可能にする包囲光配列の変化は，人間にとって情報となります。情報を基礎とした説明は，原則としてあらゆる知覚過程に対して言えることです。

さて，情報をこのように捉えなおすと，以下の5つの問題について新しい定義が可能になるとギブソンは述べています。①知覚とはなにか，②知覚されるものはなにか，③環境や自己とはなにか，④知覚システムとはなにか，⑤持続や変化とはなにか。ここで考えてみたいのは②の問題，すなわち情報となりうるものはなにかという点です。

ギブソンによれば，情報は環境中に実在しています。そこには，意味や価値といった，精神的なものと考えられていたものも含まれます。旧来の心理学では，意味や価値は個人の内部にある私秘的なものでした。目の前にあるリンゴが「おいしそう」という価値を持つのは，それを見る個人が知覚されたリンゴのイメージにそのような価値づけを後から付与したからだと説明されるのです。この説明では，リンゴ自体にそうした価値はありません。ギブソンはこれに対して，リンゴには「おいしそう」という価値がもとからあるのだと主張します。アフォーダンス概念を使って言いなおすと，リンゴが潜在的に持っていた「おいしそう」というアフォーダンスが利用可能な情報として包囲光配列に含まれていて，人間はそれを直接知覚したということになります。情報によって環境を特定する，すなわち，目の前にある対象がなんなのかわかると言ったとき，同時に知覚者はその対象が自分にとって持つ意味や価値も直接知覚しているのです。

こうした考え方は心理学に重要な転換をもたらします。二元論に基づいた心理学では，経験される意味や価値は個々人の解釈の結果です。このように個人的なものであるにもかかわらず，なぜ私たち人間の集団は意味や価値を共有することができるのかという難問が出てきてしまいます。それらがまったく個人的なものであるならば，私たちは個々バラバラの世界に住んでいると考えてもよいはずです。

ですが，ギブソンの理論からは，意味や価値についての経験が公的な経験でもあることが導かれます。なぜなら，知覚過程に寄与する情報は人間が住むこのただ１つの環境に実在しており，その意味で，この環境に住む人間であれば誰にとっても同じ情報を発見する機会を得ていますし，それを利用することができるからです。

このような主張は，実験研究や事例研究に対する見方を変えるでしょう。たくさんの実験協力者を連れてきて，データの平均から普遍的な人間像を見出そうとする必要はなくなります。むしろ，ある個人が置かれた日常的な環境において実際になにをしているのかを詳細に観察することの方が重要だと言えます。ある個人が利用していることが明らかになった情報は，他の人間にとっても利用可能なのですから，データが持つ将来の行動の予測可能性という意味では，この方法のほうが有効だと考えられます。

ここまでギブソンのユニークさについて説明してきましたが，彼の思想を説明するのに言語という媒体は適していないと感じました。ギブソンに従えば，主語（行為主体）と目的語（環境内の対象）が同時に特定されるにもかかわらず，言語のもつ線形性という性質のために，どうしてもどちらかを先に置かなければならない。このことが，因果というフィクションを私たちに信じ込ませていたように思います。

次節では，この言語の獲得過程を生態学的アプローチでどのように説明できるか，応用問題として考えてみましょう。

Direction　なにに使えるのか

　ギブソンの理論はさまざまな領域や文脈で紹介されてきました。例えば，工業製品のデザインの分野ではアフォーダンスはメジャーな概念です。ノーマン（1990）は，日常生活におけるさまざまな道具の「使いづらさ」を説明するためにアフォーダンス概念を用いています。

　また，ギブソン理論の核心には，方法論として身体の動きを丁寧に記述することがあります。そうした点から工業デザインや建築を論じた本としては，後藤ら（2004）があります。さらに，アート活動や作品に含まれる身体の動きに注目してアートの本質的な側面に迫る論文集としては佐々木（2006）や，生後約3年間にわたる2人の赤ちゃんの観察から彼らの生活する家庭環境が身体的にいかにして探索されるのかをその観察映像に基づいて明らかにしようとする佐々木（2008）といった本もあります。

　以上のように，ギブソンの理論は環境のデザインや身体的な技能学習といった研究領域に盛んに適用されてきました。一方で，シンボルの世界についてはなかなか研究が進んでいないように思われます。以下では，言語発達研究への適用可能性について議論してみたいと思います。

　言語に対してはさまざまな考え方がありますが，ギブソンの立場に立つならば，以下のようには言えるでしょう。言語とは心的な表象を指し示す純粋に認知的な過程なのではなく，それ自体が環境内で利用可能な情報なのだ，と（リード，2000）。ギブソンによれば意味や価値は環境に実在するものです。つまり，言語の意味は，個人的な解釈の結果として生じるのではなく，誰にとっても利用可能なものとして環境に実在するということになります。例えば発話が有する韻律などの音響的なパターンは，不変項としてなんらかの情報を特定することを可能にするでしょう。したがって，一部の言語発達研究者が言うような，生得的な文法知識や，解釈に制約を与える内的なスキーマは想定する必要がないと考えられるのです（Zukow，1990）。

　さらに，言語は内的な表象を伝達するための手段でもありません。「それは情報を他者に利用可能にするための手段であり，それによって自身およびその集団の活動調整に寄与するもの」（リード，2000，Pp.325-326）だと考えられ

ます。この点に関してギブソンは，言葉は「親や教師によって与えられる知覚の補助具となる。それらは，新しい世代に人間のやりとりのかけひきを伝達する。最初の知覚者の労力は，その子孫に分け与えられる。これらの理解の援けによって，環境を特定する不変項の抽出および抽象は，はなはだしく容易になる」(p.273) と述べています。つまり，子どもは言語を通して，他者がなにを価値として抽出しているのかを知覚できるようになるわけです。このことから，言語は共同注意[1]を成立させる働きを持つとも言えるでしょう（本多，2005）。

　こうした前提に立ち，リード（2000）は言語を「指し言葉」(indexical language) と「語り言葉」(predicational language) とに分類しました。それぞれ，あるトピック（物・場所・事象・人）を対話相手と共有するために指し示す機能，トピックをたんに指し示すだけでなくそれについてコメントする機能を持つ言語です。乳幼児の言語発達過程をこうした分類に基づいて記述し直していくこと，さらには言語の音響的構造とそれによって抽出される情報がどのように関連しているのかを具体的に明らかにしていくことが，今後のプログラムとして想定できるでしょう。

文　献

後藤 武・佐々木正人・深沢直人　2004　デザインの生態学．東京書籍．

本多 啓　2005　アフォーダンスの認知意味論——生態心理学から見た文法現象．東京大学出版会．

ロンバード, T.　古崎 敬・境 敦史・河野哲也（監訳）　2000　ギブソンの生態学的心理学——その哲学的・科学史的背景．勁草書房．

松岡正剛　1997　情報の歴史を読む——世界情報文化史講義．NTT 出版．

夏堀 睦・加藤弘通（編）　2007　卒論・修論をはじめるための心理学理論ガイドブック．ナカニシヤ出版．

ノーマン, D. A.　野島久雄（訳）　1990　誰のためのデザイン？——認知科学者のデザイン原論．新曜社．

リード, E.　細田直哉（訳）　2000　アフォーダンスの心理学——生態心理学への道．新曜社．

---

1) **共同注意（joint attention）**　他者が見る物や出来事に視線を向けたうえで，その情動や意図を共有すること。親がヘビを見て怖がる様子を見た赤ちゃんもそれを見て怖がった場合，両者の間に共同注意が成立していると考えられる。他者が見る対象に単純に視線を向けるだけの場合を「共同注視」とよんで区別することがある。詳しくは，前書（夏堀・加藤，2007）の第 6 章を参照。

リード, E. 佐々木正人（監訳）柴田 崇・高橋 綾（訳） 2006 伝記ジェームズ・ギブソン. 勁草書房.

佐々木正人（編） 2006 アート／表現する身体——アフォーダンスの現場. 東京大学出版会.

佐々木正人（編著） 2008 アフォーダンスの視点から乳幼児の育ちを考察. 小学館.

スミス, E. E., ノーレンホークセマ, S., フレドリクソン, B. L., & ロフタス, G. R. 内田一成（監訳） 2010 第14版 ヒルガードの心理学. ブレーン出版.

Zukow, P. G. 1990 Socio-perceptual bases for the emergence of language: An alternative to innatist approaches. *Developmental Psychobiology.* **23**, 705-726.

（伊藤 崇）

2 ■ 「抵抗」が身体・知性・意志をわがものにする

E. セガン『知能障害児の教育』

中野善達訳，福村出版，1980 年

〈関連分野〉

知的障害，活動・知性・意志，随意性

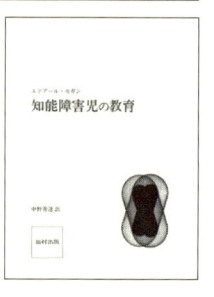

Abstract　なにが書かれているのか

　もし，知的障害の子どもが，教育を受けられないまま育ったとしましょう。どのような姿を見せるのでしょうか。もう 1 つ質問しましょう。もしあなたが，これまでほとんど教育を受けてこなかった知的障害の子どもの担任になったら，なにからどのように教えますか？

　このような問いを，リアルに 25 歳の若さで引き受けた青年がいました。それが，本書の著者，セガン（Seguin, E.）です。セガンは，障害児教育のキャリアを，知的障害児の家庭教師からスタートさせました。日本ではまだ江戸時代だった 1837 年のことです。セガンは，多くの知的障害児に対し，話し言葉を獲得させたり，文字を習得させたりするなど華々しい成果をおさめました。セガンの障害児教育理論は，フランスのみならずアメリカや日本など多くの国の障害児教育の発展に影響を与えました。その功績もあって知的障害教育の祖とよばれています。

　本章で取りあげる『知能障害児の教育』は，セガンが知的障害児に対する教育をはじめた草創期の理論や実践をまとめたものです。1839 年から 1843 年に発表された 4 つの論文をまとめたものです。なかでも 2 つの論文が注目されます。1 つは，セガンが 10 人の知的障害児に対して 3 か月間の実践を行なった報告です。もう 1 つは，「白痴の衛生と教育」と題されたものです。こちらは，セガンが考える知的障害児の教育方針について体系的に述べられています。

さて，最初の2つの問いに戻しましょう。セガンは，ある施設で知的障害の子どもたちに出会います。当時の処遇は今とは比較にならないほどでした。川口（2010）によれば，知的障害児や，精神障害者，認知症の高齢者など，障害種別にわけられずに処遇されており，丁寧な教育とはほど遠い状態でした。そのときに出会った子どもの様子をセガンは，「腕をむちゃくちゃに振り回している」「意気消沈して動かない子ども」「言葉にならない叫び声をあげる子ども」「床にごろごろしている子ども」「食事のときだけすばやく動く子ども」などと記しています。もっと直接的に言えば，自分の身体であるのに自分の身体のように扱えず，食欲にしか関心を示さず，友達と仲良くすることができず，指導者に愛着を示さず，さらには，物を盗んだり，隠したりすると指摘しています。もちろん断っておきますが，これは，知的障害が直接的な原因ではありません。非教育的な処遇のために，これらの姿が顕在化しているのです。

このような子どもたちを見て，一般の人々はもちろん，有名な精神科医も，彼らを治療不可能な存在として捉えました。しかし，セガンは違いました。次のように教育のありかたを提起したのです。

　　白痴児あるいは単に知恵が遅れている子どもの教育は，生理学的かつ心理的異常を考慮に入れ，それぞれの子どもにとってそれが機能段階においてどれほど低かろうと，知っていることとできることから出発し，その子を徐々に一貫して，誰も知っている，できることへと導くような方法が採用されなければならない。要するに，偶然によるものや，紋切り型のものではなく，実証的方法が必要なのである。(p.68)

子どもの事実から出発して，その事実に基づく系統的な教育が必要であると述べたのです。そして，実証的方法を担保するために，セガンは「活動（activitié）」「知性（intelligence）」「意志（volonté）」の3つの要因を重視しました。さらに，活動，知性，意志の順番で教育をすすめることが肝要であると述べました。活動という用語には，多義的な意味が含まれていますが，基本的には感覚・運動面での働きを指します。聴覚や視覚，触覚など感覚器官の働きや，静止すること・規則的に動くことなどの運動機能です。知性とは，考える

働きのことを指します。セガンは，知性とは物事と物事との関係を捉えるようになることであるとし，知性の基盤には活動が十分行なわれていることが必要だと主張します。最後に，活動や知性の発達のうえに意志が発達するとします。意志とは，「純粋に人間的な観点に立つもので，服従と権威，自由，情緒，敵対，所有，道徳観念と習慣の釣り合いをとらせるもの」（p.76）です。さまざまな意味が込められていますが，斉藤・清水（2004）が指摘するように，自発性や道徳性と捉えてよいでしょう。セガンは，知的障害児は「完全に意志を欠いている」（p.169）と述べます。正確には，食欲を動機とする本能的な意志は認められるものの，知性的・道徳的意志が欠けていると見ています。つまり，考えようという意志や仲良くしよう・ルールを守ろうという意志が欠けており，そこを教育のなかでめばえさせる必要があると考えたのです。

　このような意志の発達までを見通しつつも，セガンは感覚・運動的な側面から，知的障害児に対して教育を始めました。身体の動かし方を例にセガンの具体的な教育方法を説明しましょう。セガンは，知的障害児は，その身体機能に障害がなくても，身体の使い方に問題があると見ます。絶えず動いている子どもでも，自分の意志で身体を使っているのではなく，モーターのように動かされていると見ます。そこで，セガンは長はしごを使った指導を行ないます（図

図 2-1　セガンが考案した長はしご（タルボット，2004 をもとに作成）

2-1 参照）。はしごを登ったり降りたりするには，やみくもに身体を使うだけではできません。すぐに落ちてしまいます。長はしごを登り降りするには，身体を静止したり，手足を協調させる動きが必要です。このような指導を通して，子どもは，自分の身体を意識し，自分の意志で身体を使うことができるようになります。同じような観点から，セガンは，一輪手押し車や，ダンベルを持って歩行させるなどの指導を行ないました。求める活動はさまざまですが，自分の身体を意識させる活動という点では一貫しています。このような活動を豊かにすることではじめて，セガンは知性や意志が発達する基盤が生まれると考えました。

Background　どのように生まれたのか

　セガンは知的障害教育の祖と言われていますが，なにもないところから自分ですべてをつくりあげたわけではありません。彼の理論や実践の構築に大きな影響を与えた人物がいました。「アヴェロンの野生児」に教育を行なったことで有名な医師イタール（Itard, J.）です。1800 年，南フランスの田舎でおおよそ10 歳の男児が捕らえられました。のちにヴィクトールと名づけられることになる男児は，言葉を話すことなく，四つん這いで移動していました。このような姿から，野生児と見なされ，重要なケースとして注目を集めました。なぜなら，話し言葉を持たない子どもに，教育によって，どこまで知的機能を伸ばすことができるかという，教育の可能性を明らかにするうえで「適した」子どもであると考えられたからです。イタールは，医師として聴覚障害児の治療に関わっていた背景もあって，自らヴィクトールへの教育を熱心に行ないました。ただ結果的には，イタールの熱心な教育にもかかわらず，ヴィクトールは周囲が期待したほどの成長を見せることはありませんでした。イタール（1978）で報告されているように，挨拶をするなど簡単な身振りは獲得し，また，養育者に愛着を示すなどは見られたものの，ついに話し言葉を獲得するにはいたりませんでした。

　セガンは，ヴィクトールを教育したイタールと出会います。イタールが亡くなる一年前でした。2 人が出会ったきっかけは，ある子ども病院の院長を介し

てでした。子ども病院の院長が、イタールに「1人の知的障害児を話せるように指導してほしい」と依頼しました。しかし、イタールは高齢のため、直接の指導はできず、助言だけならと返答します。そこで、院長はセガンを知的障害児の家庭教師として紹介し、セガンはイタールの指導を仰ぐことになりました（川口, 2010）。セガンは、イタールとの対話のなかから、多くのものを吸収し、また、批判点も見出します。そのなかで、セガン独自の教育理論が生まれました。イタールの教育観を受け継ぎつつも、その教育観を超えていった点はどこにあるのでしょうか。

　この問いを理解する鍵は、イタールの指導が感覚レベル（セガンの言葉で言えば「活動」レベル）の教育に比重が置かれていたところにあります。イタールは、子どもが「わかる」「できる」ことから出発した教育に努めます。そのことの重要性は、セガンも十分理解していました。「イタールはルソーやコンディヤック神父と共に、感覚教育の有益性をかなり理解していた」（p.71）と述べています。

　しかし、その一方で、イタールの指導が感覚レベルでの働きかけにとどまり、「知性」や「意志」に働きかける教育があまり展開されなかったことにセガンは不満を覚えていました。セガンは、「どうしてなのか、どういうわけなのか知らないが、彼は観念が感覚とは別物だということを決して理解しなかったし、また、彼が徳が知能よりも優位なものだということをまったく理解しなかった」（p.71）と、イタールを厳しく批判しています。

　師イタールへの賛同と批判が、「活動・知性・意志」という3つの側面にわけて教育を行なう理論を生まれさせたのです。

　もう1つ、セガンの教育理論が出てきた背景があります。それは、障害児を含めた教育一般のありかたについてセガンが不満を持っていたことです。セガンは本書のなかで、当時散見されつつあった知的障害児に対する指導を批判しています。具体的には、実生活からかけはなれた事柄ばかりを覚えさせる記憶偏重の教育である点に問題があると述べています。セガンは「暗記のみを重視するこれまでの古典的教育は、彼らには不適当だと言わねばならない」（p.68）と述べます。なぜなら暗記を重視する教育は、「その子と無関係に、どの子にも一様な学習を適用し、そして、子どもたちの諸器官が規則的に働き出す前に、

子どもにたちに義務（宿題）を押しつける」(p.68) からです。子どもたちのできることから出発せずに，教師から一方的に子どもにとって困難である抽象的な課題を課す教育には大きな問題があると批判しています。このような問題意識は，セガン自身の被教育体験に端を発しています。セガンは，大学までは法律を専攻していましたが，結局，法律関係の仕事に就くことはなく，しかも卒業することもありませんでした。大量に知識を暗記する当時の教育のあり方にセガン自身が疑義を覚えていたのでしょう（川口，2010）。そのようななかでは，子どもが自発的に学び，また，人格を豊かにすることにつながらないと考えていたのではないでしょうか。だからこそ，わかること・できること，すなわち，感覚運動レベルから教育を出発し，徐々に知性や意志に働きかける教育理論を構築したのです。

Creativity　なにが新しいのか

　セガンによる知的障害児教育理論の新しさはどこにあるのでしょうか。一般的には，Abstract にも書いたように，知的障害のある子どもに対し，活動・知性・意志の3つの側面に注目し，活動→知性→意志の順に沿って，教育を進めることが重要であると主張した点にあると言われています。当時のフランスでは，知的障害児に対する系統的な教育は皆無に近く，セガンが批判しているような機械的な反復練習を行なった指導が見られる程度でした。セガンに言わせれば，知能を記憶力と勘違いしている状態であったのです。このような状況のなかで，セガンは，子どものできることから出発し，見る・聴く・動くといった感覚運動的側面から出発し，考えることに代表される知性的側面，そして，自由を獲得するという意志までの発達を系統的に提唱したところに大きな意義があります。

　ただ，活動・知性・意志を区別しつつ教育をすすめるセガンの考えの意義はすでにいくつかの論者によって指摘されています（例：斉藤・清水，2004）。また，感覚運動的側面から知性がめばえるという指摘は，ピアジェの発達理論でもよく言及されており，現代ではそれほど目新しいものではありません。

　そこで，ここでは，別の角度から，セガンの教育理論の新しさ・面白さを述

べます。セガンの教育理輪の面白さは，教育方法にあります。それは，どの水準の教育においても「抵抗」をかけているところです。ここでいう抵抗とは，あえて子どもの身体的な動きや知的な働きに制限をかけるという意味です。あえて動きにくくしたり，スムーズに考えにくくさせることです。どういうことか，セガンが行なった具体的な実践に立ち戻って確認しましょう。

　例えば，セガンは，知的障害児の身体の指導に対して，「何周も運動場を走らせて体力をつける」といったような指導を推奨しません。逆に，「はしごを登り降りする」「一輪手押しくるまを押す」「ダンベルを持って歩く」「ツルハシを持たせる」など，子どもがこれまで一度もしなかったような活動を求めます。ダンベルを持って歩くだけなので，やり方自体は簡単です。なにをすればいいのかは子どもにとってもわかりやすい活動です。しかし，実際にやってみると子どもにとっては難しい活動です。単にこれまで経験したことのない活動ということだけでなく，これまで経験したことのない身体の使い方をしなければいけないからです。一輪車を両手でバランスを保ちながら進まなければいけなかったり，両腕で重いダンベルを持ちながら歩かないといけません。

　もっと言えば，セガンは身体の指導において，動かすことではなく止まることを重視します。「止まれる子どもは発達する」と言いきるのです。

　このような教育方法は，身体の指導だけではありません。さまざまなレベルで指導が展開されました。ここでは，模倣の指導を取りあげましょう。模倣は，身体動作の発達だけでなく，対人関係の発達にもつながる重要な領域です。セガンは，次のように模倣の指導を行ないました。最初は，子どもにとって関心の強い素材を使って模倣の指導をします。本書では，食に関係のあるお皿があげられていました。セガンは，お皿をテーブルに置き，その行為を子どもに真似させます。子どもにとっては見慣れており，かつ，関心の高い素材なので，比較的模倣しやすかったと思われます。このような行為が可能になると，セガンは，次に，子どもにとっては価値のない素材を用いて模倣の指導を行ないます。セガンは，レンガを用いて模倣の指導をします。レンガは，子どもにとっては普段見慣れないものであり，実際にレンガを使って遊ぶなどのことは少なかったでしょう。このことは，模倣をするにあたって，これまでの習慣や記憶の助けが得られないことを意味します。このようにあえて模倣しにく

いという抵抗をかけることで，模倣の習熟を促そうとしたのです。

　このような抵抗をかけることの意義は次の2点にまとめられます。1つは，随意性の獲得につながることです。随意性とは，自分の意志で身体や感情を働かせることを指します。知的障害児は，教育を受けていなくても，身体を動かしたり，声を出したり，見たり聞いたり，覚えたりすることができます。しかし，よく見ると，それは，周囲の環境・刺激に左右されて「動かされているだけ・聞かされているだけ」であり，また食欲など生理的な本能に刺激されて「覚えているだけ」だとセガンは主張します。知的障害児に，自己の身体を随意的に動かし，自己の知覚を随意的にコントロールし，本能に刺激されずに随意的に思考することが重要であると主張しました。そのためには，これまで彼らがすごしてきた所与の環境（物理的環境・対人的環境）を変え，抵抗をかけることで，自分の身体や知性を意識させることが必要になります。梯子や一輪車など，おそらくこれまでの子どもたちの環境のなかでは，使ったことはなかったでしょう。このような教材を用いることで，身体の協調運動を促し，自分の身体を，随意的に動かしたり，考えはじめたりすることが可能になるのです。このような随意性を獲得することで，子どもは身体や知性，意思を「わがもの」にしていくのです。

　2つは，抵抗をかけることで，子どもたちは，自発的に身体や知性を発動させることになることです。抵抗をかけるとはなにも難しいことを求めることだけではありません。これまで子どもたちが受けてこなかった関わりを仕掛けるのです。子どもにとってはこれまで経験してこなかった新しいことです。藤井（2004）が指摘するように，「なにかな？」「面白そうだな」「触ってみたいな」という子どもの知的好奇心を引き出すものです。だからこそ，自発性を生み出すものになったと考えられます。

Direction　なにに使えるのか

　セガンの教育理論の新しさについて，抵抗をかけるという教育方法に注目しました。この点は，子どもの発達や教育を考えるうえで，どのような見方を生み出すのでしょうか。

E. セガン『知能障害児の教育』　　**21**

　それは，わかりやすい教育が，単純には良いと言えないという問題提起です。現在，わが国では，わかりやすい教育が良いという風潮があります。私が教えている大学でも同じです。学生に授業の感想を書かせると，必ずといってよいほど「わかりやすくてよく理解できた」とか「わかりにくかった」という「わかりやすさ」に関する感想が多く書かれます。また，授業評価のアンケートの多くには「この授業はわかりやすかったか」という項目が入っています。これらの事実は，教える側・学ぶ側双方にとって「わかりやすい」ということが，その授業を評価するうえで不可欠な要因になっていることを示しています。さらに，もっと言えば，「わかりやすい」ことがよい授業の１つの指標になっているのです。なぜならわかりやすくてネガティブな評価をされることはまずないからです。この「わかりやすい＝良い教育である」という信念を，ここでは「わかりやすさ信奉」と名付けておきます。

　「わかりやすさ信奉」は当然，特別支援教育にも見られます。むしろ知的発達やコミュニケーションに困難を抱える子どもが多いため，定型発達児に対する教育よりも根強いと言えるでしょう。実際，特別支援教育では，わかりやすさを工夫する支援が喧伝されています。授業の流れを写真や絵カードなどを使って予め説明したり，感情の読みとりが困難な子どもに，自分のイライラを「10段階の６」などデジタルに置き換える工夫などが行なわれています。他にも，先生が子どもに指示をする際に，話し言葉だけでなく具体物を併用して子どもに理解できるように伝える工夫が当然のようになされてきています。

　子どもにとって，わかる工夫や授業を行なうことは，大事なことです。先生がなにを言っているのかわからないまま授業中ずっと座らなければいけない子どものつらさ，意味がわからないのに漢字のなぞり書きを何度も何度もさせられる子どものしんどさを思えば，子どもがわかることを出発点にすることは大事なことです。

　しかし，一方で，セガンの教育方法をふまえた場合，違う視点が見えてきます。その１つは，わかりやすさだけでは，高次な発達，特に随意性を導きにくいという視点です。「わかりやすさ」のなかに意図的に随意性を導く萌芽が準備されていないところに問題が見えてきます。

　セガンが行なった教育についてもわかりやすさは重視されています。しか

22   2 「抵抗」が身体・知性・意志をわがものにする

し，セガンの場合はわかりやすさだけではなく，わかりやすさのなかに抵抗が
ある点に特徴があります。セガンが考えた長はしごは，「つかまる」「のぼる」
というシンプルな動作を必要とするだけです。教具自体が意味を持っているこ
ともあり，なにをすればいいのか，子どもにとってわかりやすい教具と言えま
す。また，子どもは，この珍しい教具を見たとき，「なんだろう」とこころをく
すぐられて手を伸ばしたことでしょう。しかし，実際，やってみると難しいも
のです。バランスをとる必要がありますし，そもそも縄をつかむにも，普段と
は異なる指の動きをしなければいけません。そういう意味では，「わかりにく
い」とも言えます。しかし，このような抵抗こそが，前節で述べたように，自
分の身体や知性，意思をわがものにしていくのです。自分の身体がうまく使え
ないからこそ，自分の身体を意識していくのです。

　このように考えれば「わかりやすいか」「わかりにくいか」という二項対立
の問いを立てることが無益であることがわかります。わかりやすいことがすべ
て良いわけでもないですし，もちろん，わかりにくければよいということでも
ありません。重要なのは，わかりやすさを土台にしつつ，わかりにくさ・むず
かしさという抵抗を実装させることです。このような指導によって，身体・知
性・意志のそれぞれの水準において随意性の発達を胎動させることにつながり
ます。逆に言えば「わかりやすい」だけの教育は，随意性を獲得することが難
しく，子どもが高次の発達を遂げにくくなっている可能性があるとも言えます。

図 2-2　指さし帽子（村上・赤木，2011 より）

E. セガン『知能障害児の教育』　　**23**

　最後に，セガンの考えを具体的に特別支援教育にどう生かしていくのかについて述べます。セガンは「抵抗の訓練」（p.82）とは述べているものの，抵抗の意味やその方法について深く言及しているわけではありません。そのため，現代の特別支援教育を考えるうえでは，この抵抗の意味を理論的に深め，実践的に具体化させていく必要があります。

　ただ，その萌芽は，現代の特別支援教育においても見られます。例として，図 2-2 にある指さし帽子という教具を紹介します（村上・赤木, 2011）。帽子に指さしを意味する棒をつけたシンプルなつくりです。

　発達障害のある子どもたちのなかには，視知覚の機能に問題があるために，集中して字を見続けることが難しいことがあります。そのような子どもに対し，一般的には，「ちゃんと見なさい」「よく見なさい」と先生が注意することがほとんどでしょう。しかし，そのような注意で見続けることができるのであれば，子どもたちは，すでにちゃんと見ています。注意されてもなかなかできないところが，障害のある子どもたちの困難さなのです。そこで，この指さし帽子が考えだされました。帽子につけられた指さし棒が長いために，先端をあわせて字を見るのが適度に難しくなっています。あえて抵抗をかけています。そのため，字を見ようと思えば，集中して頭上前方の指先と板書の文字を一致させようとしなければいけません。結果として，子どもは視線を一点に集中させることができるようになります。そして，慣れてくると，見ることにことさら意識を向けなくてよくなり，黒板に書かれた字の意味について集中することができるようになります。

　もちろんなにもかも見づらくすればいいというわけではありません。子どもが，やってみたくなる工夫が大事です。この帽子には，羽がついています。それに普通はなかなかない形状の帽子です。このような遊び心が，子どもに「かぶってみたい」「先端を字にあわせてみたい」といった自発性を引き出していきます。

　このようにセガンが教育方法のなかで用いていた抵抗は，いつものようにいつものことを教えるという常識的な教育からちょっとはみだしたところに発生します。このはみだした部分こそが，子どもの身体を調整する力，考える力，自発性などを生み出す重要な箇所になっています。

わが国でセガンはそれほど注目されているわけではありません。しかし，本章で解説したように，現在の特別支援教育や発達心理学には見えていない視点を今でも内包しています。知的障害児教育の源流に立ち戻りながら，現在の特別支援教育，発達心理学の立ち位置を知る書であると言えるでしょう。

文　献

藤井力夫　2004　E. セガンはどのように障害児教育をはじめたのか：初期教育実践にみる理論的再構成の基本的立場．清水 寛（編）　セガン：知的障害福祉・教育の源流 2．日本図書センター．Pp.5-113.

イタール, J. M. G.　中野善達・松田 清（訳）1978　新訳 アヴェロンの野生児：ヴィクトールの発達と教育．福村出版．

川口幸宏　2010　知的障害教育の開拓者セガン：孤立から社会化への探求．新日本出版社．

村上公也・赤木和重　2011　キミヤーズの教材・教具：知的好奇心を引き出す．クリエイツかもがわ．

斉藤淑子・清水 寛　2004　セガンのフランス期における発達観の形成過程：「活動・知性・意志」の「三位一体」的能力・人格観を中心に．清水 寛（編）　セガン：知的障害福祉・教育の源流 2．日本図書センター．Pp.114-158.

タルボット, M. E.　川口幸弘（訳）2004　セガンの教具．清水 寛（編）　セガン：知的障害福祉・教育の源流 4．日本図書センター．Pp.133-137.

（赤木和重）

3 ■ 大人を理解するためにはまず子どもから

J. ピアジェ『思考の心理学』

滝沢武久訳，みすず書房，1968 年

〈関連分野〉

発達論，認知発達，思考

Abstract なにが書かれているのか

「夕日が背中を押してくる」（阪田寛夫作詞，山本直純作曲）という歌があります。

> 夕日が背中を　押してくる　まっかな腕で　押してくる
> 歩くぼくらの　うしろから　でっかい声で　よびかける
> さよなら　さよなら　さよなら　きみたち
> 晩ごはんが　待ってるぞ　あしたの朝　ねすごすな（1 番）

このように，「月や太陽が自分の後をついてくる」と子どものころ考えたことはありませんか。「月は，わたくしたちの散歩に，くっついてきて，わたくしたちが道をひきかえすとき，後にまたついてくる」（p.39）。このような幼児の考え方が本書でも紹介されています。ピアジェ（Piajet, J.）は，多くの子どもたちに対するインタビューや観察から，子どもたちの思考の発達研究に取り組みました（ピアジェが用いた「観察」という手法，また，観察から発達理論を立ち上げたピアジェの功績については，前書（夏堀・加藤，2007）の第 1 章を参照してください）。2 歳から 7 歳の時期に見られる上記の例のような子どもの考え方をアニミズム（汎心論）[1] とよびました。そしてアニミズムと目的論[2]，人工論[3] のような幼児期の思考を，ピアジェは「自己中心性」とよびまし

た。上であげた「月がわたしの散歩についてくる」という例を考えてみましょう。もし、お互いに逆方向に動く散歩者がいるとしたら、月はそれぞれの散歩者についていくことができるでしょうか。このような状況で、月がしなければいけないことを思いめぐらすことができないということを指して、ピアジェは幼児期の「自己中心性」としました。

ただし、自己中心性は、幼児期だけに見られる特徴ではありません。例えば、月や太陽が自分についてくるという信念は、精神発達が完成したとされる11歳以後の青年期の人にも見られます。「月（太陽）は動きますか」や「あなたが散歩するとき月は何をしますか」という質問に対する子どもたちの解答を見てみましょう（波多野, 1966）。月や太陽が自分についてくると信じている時期では、「太陽は動きますか」という質問に「ええ、歩くとついてきます。引きかえすと太陽も引き返します（J. 6歳）」と答えます。そのような考えを持つ子どもが、経験や大人の影響によって月や太陽が動かないことを知りはじめると、月や太陽が自分についてくるという絶対的な感覚との間に揺らぎが生じます。そのとき、「太陽は動かないが、光線が自分についてくる」や「太陽は自転するのでついてくるように見える」と考え、矛盾を解決しようとします。さらに、次の時期では、太陽が自分についてくるという感じを錯覚とすることによって解決しようとします。例えば、「前には月がついてくると思っていました（K. 10歳9か月）」のように。

このように、思考の発達に先立つ段階である乳児期（感覚運動期）に続く幼児期（2歳〜7歳）、具体的知能操作の児童期（7歳〜11, 12歳）、抽象的知能操作の青年期（11, 12歳以降）に共通して、それぞれの時期での自己中心性

1) **アニミズム（汎心論）**　ものを生きたものとして、かつ意図が与えられたものとして考えようとする傾向。最初は、燃えるランプや照らす月のように人間にとって有用であり、活動を行なうものすべてが生きていると捉えられる。次に、動くものに生命が与えられ、最後に、星や風のように自分で動くように見える物体に限られるようになる。そのいっぽうで、ものがその作用を果たすために、生命に意識が結びつけられる。

2) **目的論**　すべてのものは、人間と子どものために作られているという考え方。子どもの「なぜ」という質問はものの存在理由を問うものであり、因果的理由と同時に目的論的理由を求めている。

3) **人工論**　ものが、人間によってまたは人間の製作活動のようにはたらく神の活動によって作られたのだという信念。

が存在することをピアジェは指摘しています。つまり，「精神生活の新しい能力はすべて，最初は世界を自己中心的な同化に合体し，それからあとではじめて，現実への調節で構成される均衡を見出す」(p.87) のです。

　子どもはやがて大人になります。「子どもは小さな大人ではない」といいますが，大人はかつて子どもだったことも事実です。ピアジェは，発達の各段階で繰り返し見られる自己中心性が同化と調節によって脱中心化していくように，すべての発達はつながっていると捉えています。言い換えると，「発達とは漸進的な均衡化」(p.9) ということになります。それでは，子どもと大人の違いはどのようなところにあるのでしょうか。この問題について，ピアジェは「構造」という観点から取り組んでいます。ピアジェは，あらゆる発達段階で見られる理解したり説明したりしようとする機能と知的活動をまとめている可変的な構造を区別することの必要性を説いています。つまり，興味や欲求に動かされて運動したり思考するという活動は，発達のすべての段階に共通して見られる働きですが，すべての段階の思考の構造には非連続的な違いが見られます。次に，ピアジェが発達のそれぞれの段階で異なることを示した構造について取りあげます。

　まず，「構造」について整理しておきましょう。ピアジェは，構造とは「システム（システムである限り，全体性の法則や特性を示す）である」と定義しています。そして，構造をなしているシステムが，身体や精神に対しては部分的なシステムであるという事実を強調し，部分的システムは，システムである限り，要素の特性とは異なる全体性の法則を示すと述べています。ピアジェの構造の捉え方を図3-1に示します（岡本，1986)。ある構造から次の構造への変換

図3-1　「発達のかたち」：構造から出発して構造に終わる（岡本，1986をもとに作成）

は，個体と環境との相互作用である行為を通した構成によって起こります。このような行為を通して，次々と構造を構成していくと考えていたことが，ピアジェが「構成説（construction）」とよばれるゆえんです。

　また，本書で，ピアジェは発生と構造を統合する論を展開しています。ピアジェは，「発生」は単なる発達だと言います。これは，発生はいつもそれ自体たまたま1つの構造を含んでいるような最初の状態から出発して行なわれると考えられているためです。つまり，ピアジェは「発生」を，「ある構造から別の構造への移行だというだけでなく，むしろ，状態Aから出発して，Aよりも安定した状態Bへいたるある型の変化」と捉えています。このように構造と発生を定義したうえで，次のような2つの主張が述べられます。まず，1つめの主張は，「すべての発生がある構造から出発してほかの構造に達する」ということ，2つめは，「すべての構造は，1つの発生をもつ」ということです。これら2つの主張から，「発生と構造とは不可分である」というピアジェの均衡化説が導かれます。

　ピアジェは，均衡を「活動」と同義であるとしたうえで，その特徴を以下の3点にまとめています。

　①均衡はその安定性によって特徴づけられる。

　②すべてのシステム（構造）が，それを変えようとする外部からの撹乱をこうむることがある。

　③均衡は受け身的なものではなく，反対に，本質的に能動的なものである。

Background　どのように生まれたのか

　よく知られているように，ピアジェは10代のころから生物学（動物学）についての研究に携わり，生物学的な基礎をもって心理学の研究に取り組みました。特に，「発生」（ピアジェにとって，「発生」は「発達」と同義に使われています）に注目し，後に認識の発生とはなにか，どのようにして科学的認識が形成されていくのかを問う「発生的認識論」（ピアジェ，1972）とよばれる理論をうちだしています。本書でもその土台となる「発生と構造」を統合するという論が展開されています。ピアジェが発生と構造の問題に取り組んだ理由は，そ

れまでの心理学に対する不満からきているようです。ピアジェは，発生と構造の問題に対する以下の2つの立場に対する批判から，新たな視点を提供しました（岡本，1986）。

①構造を無視した発生説

発生という面は考えているが，構造という観点が欠けている立場で，経験論に基礎をおいた連合主義や行動主義心理学がこれにあたります。すべては経験によって作られると考え，発生の原理として経験を置き，経験の与え方しだいで発達的変化を説明できるとする考え方です。

②発生を無視した構造説

①と反対の考え方であり，構造については考えているけれど，発生の原理という視点が抜けている立場で，その代表例はゲシュタルト心理学です。ゲシュタルト心理学は，人間の知覚体制にははじめからある構造が備わっており，その構造に従って人はものを見たり聞いたりすると考えます。そして，その構造には発達的変化は認められず，それは経験を超えたところにあると考えるところが特徴です。

ピアジェは，両者どちらにも不満であり，構造の問題とその発達的変化の原理を同時に考え，解明するという問題の立て方をしました。

また，ピアジェが活躍したフランスの発達心理学の歴史的影響も大きいでしょう。加藤（1996）は，以下のようなフランスの発達心理学の4つの特徴をあげています。まず1つは，「子どもの独自性」というテーゼを重要視するフランスの発達心理学は，子どもと大人の連続性，あるいは発達の連続性よりも，あえて非連続性を見ようとすることです。この点に関して，ピアジェの理論のオリジナリティは，構造的非連続性という観点から知能の発達を理論化した点にあると捉えられています。もう1つは，「新しい子どもの現実を創り出す」という点です。ピアジェは，1929年に，後にユネスコに編入されることになる国際教育事務局の理事となり，その後「教育の権利」というパンフレットの編集に携わっています（市川，2002）。第3の特徴は，新しい子どもの現実を「なにに向けて創り出すか」という目的に関係します。ピアジェは，理性（すなわち論理的思考能力）以前にある子どもの状態とは何か，子どもは理性以前から理性へどのように移行するのかという問いから，子どもが理性を獲得する過程を明

らかにしようとしました。最後の特徴は，フランスの発達心理学は「哲学的」であることです。ピアジェは，10代のころに哲学に興味をもち，特にベルグソン哲学に大きな影響を受けました。その影響は，本書の第2章，第6章に書かれている「発生的」視点にも受け継がれているようです。

　以上のような背景を持ち，ピアジェが子どもの知能や思考の研究に本格的に取り組むようになったのは，1919年にビネー（Binet, A.）の研究所に招かれ，知能テストの標準化の仕事（知能検査法の研究）を委ねられたことが契機となっています（バターワース・ハリス，1997）。1940年代から1960年代，ピアジェは本書の研究をはじめ，知能や思考の「構造」に力点を置いた研究を行ないました。その後の1970年代以降，ピアジェの理論の力点は，構造から「機能」へとシフトしていきます（麻生，1996）。

Creativity　どこが新しいのか

　ピアジェ自身，自らの認識論について，「大多数の心理学者の考えとも「常識」ともかけ離れている」と述べています（ピアジェ，2007，p.4）。先に述べたように，ピアジェの理論は，これまでの心理学の視点とは異なる視点を提供しました。それは，発生と構造の問題を新しく捉えようとしたことです。

　麻生（1996）は，ピアジェの業績として「発生的視点」をあげています。「ピアジェの偉大な点は，ピアジェが誰も知らなかった数多くのリアリティを発見したことである」（p.20）と述べ，「子どもの認知発達」という手つかずの新大陸を発見したと喩えています。さらに，このような子どものリアリティを発見できたのは，ピアジェが科学的認識の起源を問うという発生学的な視点を持っていたからであると指摘しています。そのためにピアジェが用いた「観察」という手法については，前書（夏堀・加藤，2007）の第1章に詳述されています。

　また，市川（2002）は，ピアジェが「構造」に着目したことを取りあげています。「ピアジェが子どもの構造に着目し，その構造の特性や形成段階・メカニズムを分析し，明らかにすることは，子どもが子どもであることの，さらには大人になるための，すなわち人間であることの条件，現実を問題にしていることにほかならない」（p.127）さらに，ワロン（Wallon, H.）の理論を「実存論

J. ピアジェ『思考の心理学』 **31**

的な児童－人間理解」とし，それに対してピアジェの理論を「構造論的な児童
－人間理解」と対比させたうえで，どちらも人間分析の試みにおいて時代の要
請に応えた性格，方向を持っていたと述べています。以上のように，ピアジェ
は発生と構造の問題を捉えなおしたことによって，認知発達という発達心理学
の新しい領域を構築したと言えるでしょう。

　しかし，ピアジェが子どもの思考の発達を発生的に捉えようとしたことに関
する批判もあります。ヴィゴツキー（2001）は，ピアジェの理論の本質的な問
題は，生物学的なものと社会的なものの分裂にあると述べています。つまり，
生物学的要因は子ども自身の中に含まれるとされ，子どもの精神的実体を形成
すると考えられているのに対して，社会的要因には外的な力の強制を通じて作
用するはたらきが与えられている点が，問題だというのです。社会化という観
点から子どもの思考の発達を捉えようとしたヴィゴツキー（2001）からすれば，
ピアジェは発達の社会的要因を軽視しているように見えたのかもしれません。

　また，ピアジェの研究は，その後多数の批判的検討が行なわれました。特に，
英米では，ピアジェが乳幼児の能力を過小評価しているという問題意識から，
多数の追試研究や，新たな実験課題を用いた研究が蓄積されていきました。ま
た，ピアジェが捉えた構造から構造へという領域一般的な発達段階の考え方に
対して，例えば数や生物学などの領域ごとに異なる発達を想定する領域特殊的
な発達観に立った研究も盛んになりました（Wellman & Gelman, 1992; ケアリ
ー，1994; 稲垣・波多野，2005）。これだけ多くの批判や議論が巻き起こった理
論も珍しく，ピアジェの理論の独創性を示していると言えるのではないでしょ
うか。

　中垣（2007）は，ピアジェの理論をパラダイム[4]として評価しています。つ
まり，ピアジェの理論は，認知発達に関する諸現象を解釈し，説明するための
基本的な概念的枠組みを提供してくれるというのです。英米の心理学者を中心
として起こったピアジェの批判的研究に対して，ピアジェの認知機能に関する
深い認識論的洞察が抜け落ちていると問題を指摘したうえで，ピアジェの理論

---

4) **パラダイム**　一定の領域の諸現象を解釈し，説明するための基本的な枠組みのこと。クーン
　（1971）は，パラダイムを「広く人々の受け入れられている業績で，一定の期間，科学者に，
　自然に対する問い方と答え方の手本を与えるもの」と定義している。

32　3　大人を理解するためにはまず子どもから

をパラダイムとして持つことの意義を述べています。これは，ピアジェ批判に対する再批判的見解と言えるでしょう。ピアジェが明らかにしてきた子どもの発達の姿は，「自明の真理」ではないことを強調します。言い換えると，「自明な真理」とは発達の結果であってアプリオリな真理とは言えないため，「自明な真理」の成立を発達的に説明するという課題が出てくることになります。まさに，この課題に取り組んだのがピアジェであるというのです。

　さらに，ピアジェの理論をパラダイムとして持つことによるいくつかの教訓が導かれます。中垣（2007）では，5つの教訓が示されていますが，ここではそのうちの1つを紹介します。大人の認知を知るうえでも，ピアジェ理論は必要とされるということです。それは，大人の認知は子ども時代からの認知発達の所産であるからです。しかし，この事実は，例えば大人の思考や問題解決を研究する認知心理学の研究者たちには自覚されていないかもしれません。そのため，発達的変化の視点に立った認知心理学の研究はほとんど行なわれていないのが現状のようです。

Direction　なにに使えるのか

　ピアジェの理論の応用可能性として，ここでは研究と教育の2つの視点から検討したいと思います。繰り返し述べてきたように，ピアジェは子どもから大人への発達的連続性と構造的変化を示しています。確かに大人と子どもは違いますが，みなさんがかつて子どもであったように，誰もが必ず子どものころの思考様式を経て大人になっていくのです。ですが，上でも指摘したように，例えば認知心理学の領域では，大人の問題解決や認知のみを対象とした研究が散見されます。中垣（2007）が指摘するように，「大人の認知は子ども時代からの認知発達の所産である」ことを問題意識に持つと，これまでの認知心理学の研究とは異なる研究計画を立てることができるかもしれません。大人を研究するためには，まず子どもについて理解することが必要ではないでしょうか。例えば，冒頭で例にあげたように大人になっても「月が自分のあとをついてくる」と思うことや，自分が大事にしている人形や車に名前をつけ，あたかも生きているように扱うことはありませんか。このようなアニミズム的思考は，おそら

く大人であるみなさんでも，多かれ少なかれ持っていると思われます。大人が持っているアニミズムの起源を，幼児期のアニミズムに求めるような研究も考えられるのではないでしょうか。

　次に，教育の問題について考えてみます。ピアジェの理論を幼児教育や学校教育に応用しようとする試みは，多数見られます。例えば，ファース・ワックス（2006）は，ピアジェの理論の独創性を認め，ピアジェ理論に基づいた「思考のための学校（タイラー小学校のプロジェクト）」を実践しました。「思考のための学校」で具体化されたピアジェの理論のエッセンスをまとめます。ファース・ワックス（2006）によると，ピアジェの理論は，発達と学習を分けており，それぞれ相互に関連するがまったく異なる2つのプロセスであるとしています。発達とは，これまで見てきたような構造の変化であるのに対し，学習とは知識や技術の獲得や情報処理にあたります。このような発達と学習の捉え方は，動機づけの問題にもつなげられ，発達を内発的動機づけに，学習を外発的動機づけに対応づけています。また，ピアジェ理論は「いきいきとした経験（高レベルの思考活動）を積めば知的な発達の源になる」という分析を示していると指摘した上で，子どもにとってもっとも難しくやりがいがあるが理解を超えないような高レベルの思考活動によって子どもたちの知的発達を目指そうとしています。このような理論に基づいて，「思考のための学校」の学習活動は，体と感覚の思考ゲーム，論理思考ゲーム，社会思考活動（劇，遠足，情緒ゲーム），読むこと・書くこと，算数，科学，美術と工作，音楽，体育の9つが設定されました。なによりも，「思考ゲーム」という活動が従来の小学校のカリキュラムとは大きく異なる特徴でしょう。

　では，日本ではどうでしょうか。小学校や中学校の教育現場では，1990年代からはじまった「ゆとり教育」路線のなかで，知識偏重と批判されたいわゆる詰め込み式教育に対する反発から，児童生徒同士によって問題解決を行なわせる協同学習を積極的に取り入れるようになりました。先生が知識を教えるよりも，子どもたちがお互いに教え合ったり，協力して課題に取り組むような学習スタイルは，かなり学校現場に定着しているように思われます。協同学習では，話し合いや教え合いによって問題解決を目指します。上述の「思考のための学校」の取り組み（ファース・ワックス，2006）では，子どもの高レベルの

思考活動を持続できるように，取り組む課題や学習活動によって，異質なレベルの子どものグループや同質のレベルの子どものグループなど，グループ編成が変えられました。これは，かなり労力を要することですが，協同学習のグループ作りにも必要な視点でしょう。

近年の学力低下論争などを受けた「ゆとり教育」見直しの動きによって，2008年3月に出された新しい学習指導要領（文部科学省，2008）では，「基礎的・基本的な知識・技能の習得」，「思考力・判断力・表現力等の育成」が盛り込まれました。市川・鏑木（2009）は，1990年代から広まっている問題解決型の協同学習のような「教えずに考えさせる授業」に対する批判をもとに，「教えて考えさせる授業」を提案しています。「教えて考えさせる授業」は，教師からの説明，理解確認課題，理解深化課題，自己評価活動という流れで展開されます。新しい学習事項は教師が教え，理解を確認したうえで，その知識をもとに理解深化課題を考えさせることによって，深められた知識が既習内容とも関連づけられることになります。特に，理解深化課題では，新しく学習した内容の例外事項を扱うなどして，「あれ，おかしいな」と揺さぶりをかけたうえで，問題について考えることを通して「ああ，なるほど」と納得させることが効果的とされています。これは，まさに，ピアジェがいうところの均衡化の過程であり，新しい知識や学習内容を現在の思考の構造に同化させたり調節したりして，思考の構造を発達させていると見ることもできるでしょう。

以上のように，ピアジェの理論に基づいた授業展開や，さらに広げたカリキュラムの提案を考えることができると思います。

文　献

麻生　武　1996　ピアジェ：認識の起源を問う　浜田寿美男（編）　別冊発達20 発達の理論：明日への系譜．ミネルヴァ書房．Pp.16-32.

バターワース, G. & ハリス, M.　村井潤一（監訳）　1997　発達心理学の基本を学ぶ―人間発達の生物学的・文化的基盤―．ミネルヴァ書房．

ケアリー, S　小島康次・小林好和（訳）1994　子どもは小さな科学者か ―J. Piaget 理論の再考―．ミネルヴァ書房．

ファース, H. G. & ワックス, H.　武富真紀（訳）北出勝也（監修）　2006　思考のための学校：ピアジェ理論による教室や家庭でできる知能の鍛え方．東京図書出版会．

波多野完治　1966　ピアジェの児童心理学．国土社．

市川 功　2002　ピアジェ思想入門：発生的知の開拓．晃洋書房．
市川伸一・鏑木良夫（編）　2009　新学習指導要領対応　新版教えて考えさせる授業・小学校．図書文化．
稲垣佳世子・波多野誼余夫　2005　子どもの概念発達と変化：素朴生物学をめぐって．共立出版．
加藤義信　1996　ザゾと「フランス学派」．別冊発達20 発達の理論：明日への系譜．ミネルヴァ書房．Pp.95-113．
クーン，T．中山 茂（訳）　1971　科学革命の構造．みすず書房．
文部科学省　2008　小学校学習指導要領．
中垣 啓　2007　認知発達の科学のために．ピアジェ，J．中垣 啓（訳）　2007　ピアジェに学ぶ認知発達の科学．北大路書房．Pp. vi-xxix．
夏堀 睦・加藤弘通　2007　卒論・修論をはじめるための心理学概論ガイドブック　ナカニシヤ出版
岡本夏木　1986　ピアジェ，J．村井潤一（編）　別冊発達4　発達の理論をきずく．ミネルヴァ書房．Pp.127-161．
ピアジェ，J．滝沢武久（訳）　1972　発生的認識論．白水社．
ピアジェ，J．中垣 啓（訳）　2007　ピアジェに学ぶ認知発達の科学．北大路書房．
ヴィゴツキー，L. S．柴田義松（訳）　2001　思考と言語．新読書社．
Wellman, H. M. & Gelman, S. A. 1992 Cognitive development: Foundational theories of core domains. *Annual Review of Psychology*. 43. 337-375.

（布施光代）

4 ■ 自閉症の発見を導いた子どもの見方

L. カナー『幼児自閉症の研究』

十亀史郎・斉藤聡明・岩本憲訳, 黎明書房, 2001 年（初版 1978 年）

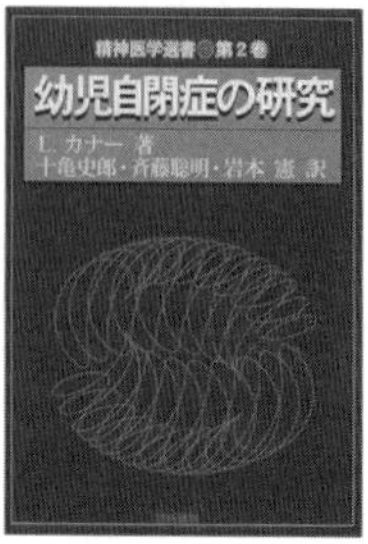

〈関連分野〉
自閉症, 診断, 教育実践

Abstract　なにが書かれているのか

　発達障害について少しでも学んだことのある方なら,「児童精神科医のカナーが自閉症を最初に記述した」, つまり, カナー（Kanner, L.）が自閉症を発見したという事実は知っているでしょう。しかし, その一方で, 実際に, カナー自身が書いた論文や本を読んだ人は少ないと思います。古典というのはすでに常識になっているので改めて読む必要を感じないからでしょう。それよりも, 新しい知見が掲載されている論文や, 自閉症児との関わり方をわかりやすく書かれている本を読んだほうが身になる気がします。そう考えると, 改めて, カナーの論文や本を読む必要はないと考えても不思議ではありません。

　しかし, 私自身は, カナーの本を読む意義は今でも十分あると思っています。その理由は 2 つあります。

　1 つは, カナーがなぜ自閉症を発見できたのかを考えることは, 子どもを見つめる視点を豊かにする機会になるからです。カナーが自閉症を発見したのは, 1943 年でした。しかし, 当然ながら, それまでにも, 自閉症児は存在していました（フリス, 2009）。多くの精神科医・教師・保護者が, 自閉症の子どもと関わっていたはずです。にもかかわらず, 自閉症の子どもとして見ることができませんでした。逆にカナーは, 自閉症を発見することができました。そこには, どのような違いがあったのでしょう？　おそらく, カナーの持つ子ども観や発達観・障害観が, 同時代では独自のものだったからでしょう。自閉症と

いう記述が立ち上がってくる過程を知ることで，子どもを見つめる視点を学ぶことができるはずです。

もう1つは，本書を読むことで，カナーが自閉症を発見したあと，どのように自閉症の理解を深めていったのかを知ることができるからです。1943年に世界ではじめて自閉症を記述したカナーは，当時，49歳でした。臨床家・研究者としてのキャリアはまだ続きます。とすると，その後，自分が診断した自閉症児が，どのような道すじをたどって青年・成人に育っていたのかについても見ているはずです。実際，カナーは自閉症児の長期経過についても熱心に検討を行なっています。カナーが自閉症を発見した後，自閉症の理解をどのように深化させたのかを追体験することで，私たちも自閉症をより深く理解することができるはずです。

本章で取りあげるカナーによる『幼児自閉症の研究』は，1973年にアメリカで出版されました。1943年から1973年までの間に書かれた16本の論文が収められています。日本では1978年に翻訳版が出されています。内容は多岐にわたりますが，大きくは2つの特徴に分けることができます。

1つめの特徴は，世界ではじめて自閉症を記述した論文が収められていることです。第1章の「情動的交流の自閉的障害」が該当します（この論文自体は1943年に刊行されています）。第1章では，カナーは，診察した11人の子どもの症状を詳細に述べ，この子どもたちにある共通する特徴があるとし，「早期幼児自閉症」と名付けました。そして，その後の章において，自閉症の基準や原因について，持論を展開しています。

自閉症児を記述するカナーの鋭さは，今でも高い評価を得ています。例えば，第1章に出てくる自閉症児についての記述を見ましょう。

> 彼（※引用者註：ドナルド。5歳1か月）は周囲の人たちにまったく注意をはらわなかった。部屋の中に入れられると，彼は人を無視して，物，それも回すことのできる物のところにすぐ行った。どうしても無視できない命令や行動は迷惑でありじゃまであり不快に思われた。しかし彼は干渉する人にはけっして腹を立てなかった。彼はじゃまな手を，あるいは彼のブロックを踏みつけた足を怒って押しのける。ある時は，ブロックの上の足

を「傘」とみなした。他の子どもの存在は気にしなかったが，彼の好きな遊びに他の子が加わろうとすると彼はそこから立ち去る。(p.14)

　自閉症の特徴や診断基準が頭に入っていれば違和感なく読むことができます。1943年とは思えないくらい自閉症の根幹となる特徴が記述されています。物に関心が強いことが明確にあげられています。さらに他者をわざと無視しているのではなく，そもそも他者を意識できていない状態が明確に書かれています。今では，このような「こだわり」や「他者への関心の薄さ」といった行動特徴は共通認識になっています。しかしこれらの特徴を明確に記述し，かつ，いくつかの事例に共通するものとして記述したことは驚嘆に値します。

　本書の特徴の2つめは，カナーが診断した自閉症の子どもたちが，20年後，30年後にどのように育ったのかが書かれていることです。最初に診断した11人はどのような育ちをしたのでしょうか。本書では第13章（「1943年に最初に報告された11名の自閉症児童に関する追跡調査研究」）に詳しく書かれています。その長期予後については，概要だけにとどめますが，大きくは以下の3点が明らかにされています。

　(1) カナーが生得的であるとした孤立性と常同性（同一性保持）については，どの症例においても残存しており，それゆえ，自閉症を特徴付ける困難であること。

　(2) 11名のうち3名が良好な適応をしており，銀行員，納付，会社員として働いていたが，残りの8名は病院などで処遇されていて良好な適応とは言えなかったこと。

　(3) ①5歳時点での話し言葉の有無，②病院や施設への入所の有無，③他者とは異なる自分の特徴を自覚し，改善しようとしたかが，予後に大きな影響を与えること。

　自閉症を発見し，その後の経過をおった本書は，当時の精神医学や障害児教育に大きな影響を与えました。

Background どのように生まれたのか

　カナーが自閉症を発見できた理由を知るには，当時の精神医学の状況を知る必要があります。1940 年代において自閉症の子どもは，統合失調症[1]（本書では時代的制約もあり「精神分裂病」と表記されています）や，知的障害（本書では「精神薄弱」「愚鈍・白痴」と表記されています）の範疇にあると考えられていました。実際，カナーが勤めている大学病院に自閉症の子どもが来院した理由は，「聾の疑い」（p.20）「重度精薄の疑い」（p.22）「性格的な先天異常」（p.28）「知的発達における重度の遅滞」（p.29）などによるものでした。

　精神医学の領域では，自閉症は，統合失調症が早期に発症したものとして考えられていました。統合失調症は，自閉症よりも時代的には早く疾病単位として記述されています。その起源は，1896 年にまでさかのぼります。ドイツの医師クレペリン（Kraepelin, E.）が，病気が慢性化して人格が崩壊するという精神病の一タイプとして「早発性痴呆」を概念化しました。この概念は，当時の精神医学に大きな影響を与えました。しかし，1911 年，スイスのブロイラー（Bleuler, E.）が，「早発性痴呆」という概念の問題を指摘しました。具体的には，必ずしも青年に発症するわけでなく，また，すべての患者の病状が進行するわけではないことを指摘しました。そのうえで，痴呆（＝精神崩壊の進行）というよりも，思考・言語・認定領域におよぶ精神機能の統合性の障害であると考えました。そうして，精神分裂病と名付けたのです（風祭，2005）。ブロイラーによって概念化された精神分裂病は，（1）自閉性，（2）観念連合の障害，（3）両価性，（4）感情の障害の 4 つの症状を持つと特徴づけられました。

　自閉性というのは，自分の世界に閉じこもり，外界に関心を示さないという意味です。観念連合の障害というのは，思考の内容や過程にまとまりがなく，支離滅裂な言動をとることを指します。現在の統合失調症の中心となる困難とも言えるでしょう。両価性は，矛盾する考えや正反対の感情を持つという意味

---

1) **統合失調症**　思考や行動，感情を 1 つの目的に沿ってまとめていく能力，すなわち統合する能力が長期間にわたって低下し，その経過中にある種の幻覚，妄想，ひどくまとまりのない行動が見られる病態である。原因についてはわかっていないが，今のところ，脳のなんらかの機能障害と考えられている。発症時期は 10 代から 20 代が多く，発症率は 1％程度である。

です。感情の障害は，さまざまな感情が起きにくい感情鈍麻の状態や，感情が安定しない情緒不安定な状態を指します。

　クレペリンやブロイラーによって形成された精神分裂病の概念は，当時の精神医学に大きな影響を与えました。と同時に，「精神分裂病はいつごろから見られるのか？」という発症時期についても，議論が行なわれることになりました。その結果，さまざまな研究者が，乳幼児期において統合失調症を発症した事例を提出しました。ブロイラー自身も，統合失調症は，1歳までさかのぼれる事例があると指摘しました。しかし，石坂（2007）が指摘するように，ブロイラーによる統合失調症の基準があいまいであったために，自閉症の子どもも含めさまざまな子どもが，統合失調症の範疇にいれられており，「スキゾフレニアの牽強付会」（石坂，2007）の状態を呈していました。カナーはこのような状況のなかで，自閉症を発見したのです[注1]。

Creativity　なにが新しいのか

　ここまで見てきたように，精神医学の文脈では，自閉症の子どもは統合失調症の初発例と見られてきました。確かに，統合失調症の症状と現象的には似ているところがあります。外界に関心が向きにくい状態や，感情が平板な状態があるという点では重なる点もあります。特に，統合失調症の症状が曖昧に定義されていた当時は，自閉症という新たな概念を発見しなくても，統合失調症の範疇のなかで考えることが自然だったのかもしれません。実際，1952年に日本ではじめて自閉症児の存在を報告した鷲見たえ子も，最終的には，自閉症を独立した障害ではなく，統合失調症の初発例であると述べていました（石坂，2008）。

　このようななかで，カナーは，なぜ自閉症を発見することができたのでしょうか。その理由について，これまでの成書でもいくつか指摘がなされてきました。例えば，石坂（2008）は，カナーが専門領域を内科から精神科に変更したために，先入観なく自閉症児を見ることができたと主張しています。また，高岡（2007）は，知的障害不要論が席捲していた当時，上流階級に多いと考えられていた自閉症児を救うために知的障害と切り離そうとしたと主張しています。

確かに，このように，社会歴史的な文脈のなかで自閉症が見えてきた影響はあります。しかし，それだけなら，カナーと同じような立場の医師であれば自閉症を発見できてもよかったはずです。しかし，それがかなわなかったのは，このような外的な条件だけでなく，カナー自身の内的な要因，つまり，カナー自身がどのような子ども観をもっていたのかが影響していたはずです。

　カナーの子どもの見方には大きくは２つの特徴があります。１つは，例外的な行動を重視して子どもを見ることです。これはカナー自身が本書のなかで，ヘンリー・モズレー医師の「どんな特殊性もけっして無視してはならぬ」というフレーズを２度引用していることからもわかります。カナーは，これまでの精神医学の臨床や研究を概観するなかで，診断法の不確かさを指摘しています。確かに，診断の方法論がしっかりしていなければ疾病を正確に分類することはできないでしょう。しかし，カナーは，それと同時に，いやそれ以上に，子どもを見る見方の問題について指摘しています。カナーは，「あらゆる行動をいつも同一の病因的説明で片付けようとする欲求が繰り返され」（p.159）ていると指摘します。具体的には，体液や体格によって性格が決定するといった類型論を厳しく批判します。批判する理由はシンプルです。肥満の体型の方でも統合失調症になるように，類型論からはみ出す例外があるからです。また，母子関係の重要性が叫ばれるようになると，障害の種別に関わらず，母子関係に単純に問題を帰する傾向にも警鐘をならしました。なぜなら，類型論と同じように，例外を無視するような考えであるからです。

　このような例外を重視する見方は，統合失調症と自閉症の対人関係の違いを浮き彫りにする際に，活かされることになりました。両者とも他者と積極的に関わらない姿がある点では同一です。統合失調症には，さきにも述べたように自閉性をその中心の１つの症状としてあげられていました。そういう意味では，自閉症児の対人関係の障害も，統合失調症の自閉性の１つの例として考えてもよかったはずです。しかし，カナーは，そこに例外を見出しました。統合失調症における自閉性は，「少なくとも２年」（p.53）は，平均的な発達をたどったあとに撤退するように，症状が出てくると考えられていました。しかし，自閉症と診断されうる子どもの場合は，対人関係からの「撤退」ではないことにカナーは気づきました。自閉症と思われる子どもたちはおしなべて，「すべ

て人生のはじまりから極端な孤立を示しており，外界からやってくるいかなることに対しても反応しない」(p.43) と，統合失調症からの例外を見出したのです。

　もし，カナーが，統合失調症の発症起源にだけ関心があり，そこから外れる子どもの事実を無視していれば，自閉症の発見はなかったでしょう。「子どもがもちあげられたときに期待した姿勢がとれない」(p.43) ことや，「抱いている人に自分の体を合わせることができない」(p.43) といった行動に気づけなかったり，たとえ気づいたとしても，統合失調症の症状の1つとして片付けていたかもしれません。このように，カナーは，既存の診断を意識しつつも，その診断の枠内では説明のつかない事実を大事にしていたと言えます。

　ただし，医学の教科書に載っていない例外的な行動を重視するだけでは自閉症を発見できなかったかもしれません。例外的な行動というのは，自閉症の有無に限らず，どの子にも見られるからです。そのため，例外を重視することに加えて，もう1つの視点をカナーは重視しました。それは，子どもの中心的症状と周辺的状況の区別を徹底するという視点です。現代の用語を使えば，一次障害と二次障害を区別して子どもを見るということになります。

　自閉症児の行動は周知の通り多彩です。こだわり1つとっても，その内容は，子どもによって大きく異なります。また，自閉症の子どもには問題行動が見られやすいと言われますが，その内容も，自傷，偏食，多動，指示待ちなどさまざまです。これらの多彩な行動を箇条書き的に列挙するだけでは，いくら例外を重視しても，なにが自閉症の核をなすのかがわからず，有用性はありません。自閉症の診断を下すことは難しいでしょう。そのために，なにが中心的な症状なのかを明確にする必要があります。カナーは，中心的な症状について次のように述べます。

　　　孤立と同一性保持への強迫的な固執は，早期幼児自閉症の二つの原則的な
　　　診断基準である。他のすべての徴候は，それを基礎として説明されうる。
　　　(p.84)

　　　自閉的な子どもたちのかわった特徴はたくさんあり，程度の違いや随伴す

る徴候の数や性質の違いがある。しかしその発達史および孤立と同一性保持という二つの病態識別的特徴は，どんな子どもでも早期自閉症のカテゴリーに包括されるかぎり，常に存在し，また欠くべからざるものである。（p.85）

このようにカナーは，1943 年の最初の論文から，自閉症の根幹となる特徴を，生得的に見られる孤立と同一性保持の二点であると結論づけていました。そして，その仮説を検証することになったのが，追跡研究です（本書の第 13 章，第 14 章に掲載されています）。これらの追跡研究によれば，自閉症児の予後は，精神病院で過ごしている者から，銀行で働いている者までさまざまなことがわかりました。しかし，そのような多様性にもかかわらず共通しているのは，孤立と同一性保持であったとカナーは結論づけています。社会的に適応していると考えられる自閉症児においても，結婚について考えたことがないことが例としてあげられています。

以上をまとめると，自閉症の発見は，例外を重視する視点と，中心的症状と周辺的な症状に分けてみる視点に支えられていたと言えます。

Direction　なにに使えるのか

カナーによる子どもの見方から展開される応用可能性について，教育実践に関わる視点から 2 点提起します。

1 つは，すでに固まっている枠からはみ出して子どもの姿を見ていくことが，実践に新たな方向性を生み出す点です。例えば，ある障害者作業所の事例検討会に出たときのことです。なんらかの理由で精神的に不安定になっており，その結果として暴言や暴力行為が頻発していた 20 代で知的障害のある A さん（女性）についてのケース会議に助言者として出席しました。A さんは，突然（少なくとも私たちから見ればですが），暴言を吐いたり，他の人を叩きにいくことが見られるようになりました。他の利用者は怖がって A さんの方に近づこうとしません。

職員の方との議論はやはり，暴言や暴力行為の対応について集中しました。

そして，切羽詰まったときに起こりがちですが，「毅然と対応するのか／受け止めるのか」という二者択一的な議論に陥りました。どちらの選択にもそれなりの意味はあるので，方向性はなかなか決まりませんでした。また，暴言や暴力行為をする原因を捉えようとする議論にもなりましたが，その意味がつかめないために，議論はすすみませんでした。

　そんなとき，Aさんとは直接かかわっていないある女性職員が，「最近，Aさん，スカーフしてきてるよね？」と切り出されました。解決の意図があっての発言ではなかったのでしょうが，この発言をきっかけに，他の職員も「そういえば私も見たことがある」といった発言になりました。結果として，Aさんの見方が変わりました。最終的には，「暴言・暴力をするからAさんは暴力的なのだ」という見方だけでなく「不安定ななかにも，女性らしさを出そうとしているのではないか」という見方に変わっていきました。もちろん，これだけですぐにAさんへの対応が見出されたわけではありません。しかし，少なくともAさんに対する職員の姿勢が変わったことは事実です。

　このように，今私たちが見ている既成の見方ではあてはまらない子どもの姿を意識して見ていくことで，違う実践の引き出しを準備できる可能性があります。

　2つは，自閉症教育における教育方針を決定する際の視点に示唆を与える点です。カナーは，自閉症の中核的な特徴は，（対人的）孤立と同一性保持であると指摘しました。そして，さまざまな自閉症の行動的な特徴は，この2つの特徴から派生するものであると主張しました。このように中心的な症状とそうでない症状を区別して子どもを捉えることは，実践を進めるうえで有益な示唆を与えます。

　知的障害の重い自閉症児にしばしば見られる異食行動を例に考えてみましょう。異食行動とは，食べ物とは異なる物を食べることです。例えば，砂を口に入れる，落ちているたばこを食べるなどの行動があります。ある特別支援学校で関わった話し言葉のないBさんは，床に落ちている紙を食べるという行動が10年近く続いていました。異食行動は衛生的にも決してよいとは言えません。そのため，先生がたは，なんとか異食行動をなくすことができないかと，さまざまな対応をとっておられました。Bさんのそばにいつもいて異食行動をしそうになればすぐに止める，異食をしそうなとき「食べてはいけません」で

はなく「○○をしましょう」と違う行動に注意を向けるなどの対応をとりました。しかし，Bさんの異食行動に変化はありませんでした。

　異食行動のような特徴的な行動を見ると，「いかになくすか」といった対処に注意がいきがちです。なくなったほうが本人も周囲も生活しやすくなることを考えると当然ともいえます。しかし，その一方で，カナーの「孤立と同一性保持への強迫的な固執は，早期幼児自閉症の二つの原則的な診断基準である。他のすべての徴候は，それを基礎として説明されうる」という指摘に立ち返れば，異食行動についての違う見方が立ち上がります。異食行動の成立・継続には孤立が関係している可能性が見えてきます（同一性保持と関係していることには異論はないと思われるのでここでは省きます）。Aさんは，孤立状態が強いかたでした。他人から誘われることに強く拒否することはありませんでしたが，自分から人と関わりにいくことは少なく，普段は独りで教室や廊下を歩いていることがほとんどでした。

　そして，この孤立状態は，裏を返せば他者に気持ちが向いていない状態とも言えます。そして，その結果，他者に向けられるべき志向性は，モノに向かったり，自己に向かいます。そして，なにかをきっかけに（その「なにか」は案外些細なことだったりします），異食行動のような自己を刺激する行動が見られます。特に孤立傾向が強く，知的障害の重い自閉症児の場合，異食行動や目を押さえて眼圧を刺激する行動，頭を叩く行動など，表面的には違いますが，自己の身体を刺激するという点では同じ行動が見られることがあります。このように考えれば，「気をまぎらわせて異食行動をなくす」といった対症療法的な行動だけでなく，孤立という中心的な症状に注目した実践が可能になります。

　Bさんへの実践では，追いかけっこをしたり，乗り物にのって一緒に遊ぶなどの活動をして，他者に気持ちを向けるような活動を重視しました。孤立を緩和するような実践です。すると，半年ほどしてBさんに変化が見られるようになりました。特定の女性教員に寄って行き，髪の匂いをかぐような行動が出てきたのです。また，この行動が見られると同時に自分が困ったときに特定の教員を叩くような行動が出てきました。この2つの変化は一見すると相反する行動ですが，私たちは，他者を意識するという意味では同じではないかと考えました。髪の匂いをかぐことは，「人を好きになった」とまで言えるかどうかはわ

かりませんが，少なくとも他者を意識する行動が出てきたと考えられます。また，同様に自分が困ったときに他者を叩くというのは，他者を意識するからこそ，見られる行動です。

　このような変化を経て，気がつけば，Bさんはいろんな人に自分から関わりにいくようになりました。喃語のような言葉で教員に語りかけます。そして，不思議とこのような姿が出てくるにつれて，あれほど長く続いた異食行為はうそのようになくなりました。数年経過した今でも見られていません。異食行動そのものへの直接的な対応だけでなく，異食行動を成立・継続させている孤立という中心的な症状に注目することで，大きな変化を促すことができたと言えます。

　カナーが自閉症を発見したこと自体は今では大きな意味がないのかもしれません。しかし，カナーが自閉症を発見するに至った子どもの見方については，いまでも十分な意味があります。近年の自閉症教育では，次々と新しい支援技法が出されて，「なにが大事か」が見えにくくなっています（赤木，2008）。そのときこそ，カナーの子ども観に立ち返り，自分の立ち位置を明確にしていく必要があるでしょう。

注

　注1）　ただし，カナーが統合失調症と自閉症との鑑別を主張した後も，両者の鑑別については議論が続きました。依然として自閉症は統合失調症の一部であるとする意見も多かったのです。決着の契機になったのは，1972年にラターが自閉症は脳の機能障害であると主張した論文でした。また，1980年にDSM-Ⅲというアメリカ精神医学会の診断基準マニュアルにおいて，自閉症を，統合失調症とは異なる診断基準にしました。ここにおいてようやく統合失調症と自閉症の鑑別についての合意が見られることになりました。

文　献

赤木和重　2008　自閉症教育実践論の展開にむけて：その予備的な足場づくり．障害者
　　教育科学．57. 3-9.
フリス，U.　冨田真紀・清水康夫・鈴木玲子（訳）　2009　新訂：自閉症の謎を解き明か
　　す．東京書籍.
石坂好樹　2008　自閉症考現箚記．星和書店.
風祭元　2005　概念と歴史　風祭元・山下格（編）　統合失調症．日本評論社．Pp.1-
　　15.
久保紘章　2004　英国自閉症研究の源流．相川書房.
高岡健　2007　自閉症論の原点：定型発達者との分断線を越える．雲母書房.

（赤木和重）

5 ■ 子どもの「できなさ」には意味がある

L. S. ヴィゴツキー『新児童心理学講義』
柴田義松・宮坂琇子・土井捷三・神谷栄司訳，新読書社，2002 年

〈関連分野〉
発達論，年齢，子ども理解

Abstract　なにが書かれているのか

　子どもと関わる仕事を志向するみなさんのほとんどは，大学で「乳幼児心理学」「児童心理学」「発達心理学」「教育心理学」などの科目を受講するでしょう。それらのなかで必ずといってよいほど扱われるトピックの 1 つに「発達」をあげることができます。なかには，卒業論文・修士論文等を執筆するにあたって「発達」をテーマにされる方もいることでしょう。「発達」とは，みなさんにとってどのようなものとしてイメージされているでしょうか。また子どもの「発達」を描くとは，具体的にはどのような営みを指すのでしょうか。そして「発達」を手がかりとして子ども理解を深めていくには，それをいかに捉える必要があるのでしょうか。

　一般的な辞典で「発達」をひもとくと，例えば「個体が時間経過に伴ってその心的・身体的機能を変えてゆく過程」（広辞苑　第 6 版）と書かれています。もう少し簡潔な言い方をすれば，「時間に伴う変化」ということになるでしょう。「発達」という言葉からまずイメージされるのは，そのような，年月を重ねるに伴って子どもが「できる」ようになっていくさまかもしれません。「発達」についてのあるテキストを実際に参照すると，「3 ヶ月……首がすわる。指しゃぶりを始める。がらがらを握ることができるようになる。うつぶせで頭をあげるようになる」などの記述が「子どもの発達には大きな個人差があるので，これは，だいたいの目安と考えていただければと思います」といった添え書きと

48　5　子どもの「できなさ」には意味がある

ともに書かれていたりします（岡本・菅野・塚田－城, 2004）。発達を学ぶ・研究するとは，このように，それぞれの時期における子どもの姿を学んだり，明らかにしたりすることだと考えればよいのでしょうか。

　いっぽうで，発達に関するテキストには，例えば「ピアジェ（Piaget, J.）」や「エリクソン（Erikson, E. H.）」などの，著名な心理学者の発達論が紹介されていることが多いでしょう。「ピアジェ」は認知発達を扱い，4段階から構成される発達段階を考案した，「エリクソン」は生涯発達を問題とし，人格発達に関する8段階の発達段階を提示した……。「発達」を学ぶとは，そのような「理論」を知っていくことを指すのでしょうか。

　この本の「はじめに」には，「理論」を学ぶうえで求められるスタンスが述べられています。それらを手がかりに考えると，「発達」を学ぶ・考えるとは，子どもの姿やさまざまな研究者が考えた発達論についての知識を身につけることだけではないはずです。それらの知識はもちろん，学びはじめるうえでの一定の手がかりとなりますが，発達を学ぶとは，本来，そのような知識をふまえたうえで子どもを見つめたときに，なにが新たに見えてくるかを理解することではないでしょうか。

　「発達」を銘打ったテキストには，たいてい「発達とは，できるようになるプロセスのみをさすのではありません」「発達は一人ひとり異なり，そこには個人差が多く存在します」などと書かれていたりするでしょう。いっぽうでその同じテキストが，実際には子どもが「○歳になると××できる」記述であふれかえっていたりします。また「発達」についての研究論文には，特定の課題を一定数の研究協力児に対して試みた結果について，年齢順に分けられたいくつかのグループ毎に平均化して示すというスタイルで，それぞれのグループの「できる」様子を比較したものも多いかもしれません。「『できる』だけが発達ではない」との主張が多くなされるかたわら，このように，発達についてまとめた文献が「できる」の記述を主として構成されている現実を，私たちはどのように考えたらよいのでしょうか。またそれをふまえたとき，目の前の子どもの「できる」もしくは「できない」姿をどのように理解すればよいのでしょうか。以上のような「発達」を手がかりとして子どもを見つめるにあたって出会うだろう問いを考えるうえで，本書は必要な視座を提供してくれる1冊だと思

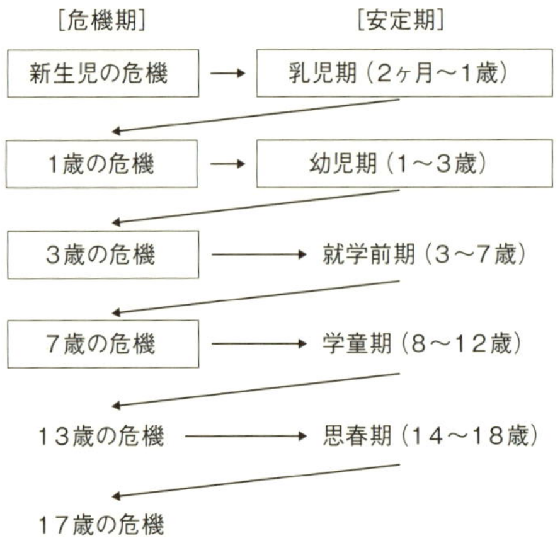

L. S. ヴィゴツキー『新児童心理学講義』　**49**

```
      ［危機期］              ［安定期］
   ┌──────────┐      ┌──────────────────┐
   │ 新生児の危機 │ ───→ │ 乳児期（2ヶ月〜1歳）│
   └──────────┘      └──────────────────┘
   ┌──────────┐      ┌──────────────────┐
   │ 1歳の危機  │ ───→ │ 幼児期（1〜3歳）    │
   └──────────┘      └──────────────────┘
   ┌──────────┐      ┌──────────────────┐
   │ 3歳の危機  │ ───→ │ 就学前期（3〜7歳）  │
   └──────────┘      └──────────────────┘
   ┌──────────┐      ┌──────────────────┐
   │ 7歳の危機  │ ───→ │ 学童期（8〜12歳）   │
   └──────────┘      └──────────────────┘
     13歳の危機  ───────→  思春期（14〜18歳）

     17歳の危機
```

図 5-1　ヴィゴツキーによる子どもの発達の年齢時期区分
（枠で囲ってある年齢期は，本書第1部第2〜6章にてまとめられている箇所）

われます。

　さて本書第1部として収録されている「児童心理学の諸問題」では，第1章に子どもの発達の年齢的時期区分のあり方が，第2章以降にそれぞれの時期の特徴が論じられています。それは具体的には図 5-1 のように示すことができます。一見する限り，多くある発達論とそう変わらないようにも見える視点の，どの部分に本書の魅力があると言えるのでしょうか。

　本書を通じてヴィゴツキー（Vygotsky, L. S.）が提起するのは，子どもの発達過程において必ず登場する「できないこと」をどのように扱うかという問題です。ヴィゴツキーはそれを「危機期」と名付け，その時期を特徴づける新しい活動形態（これを「年齢的新形成物」とよびます）の出現により，子どもの姿そしてそれを支える大人とのコミュニケーションの形態が急速に変化せざるをえない時期という意味で，発達過程における質的な転換点を示すものであることを主張します。そして発達過程は，そのような「危機期」と，年齢的新形成物を徐々に伸ばしていく時期である「安定期」との繰り返しから構成されると考えました（図 5-1）。

　発達を説明しようとする多くの理論は，先にも述べたように，ある時期に安定して現れる／多くの子どもに見られる「できる」姿を中心にそれを描こうと

50　5　子どもの「できなさ」には意味がある

することが多いように思われます。それは，図5-1で言えば「安定期」の記述を磨き上げることで発達の実相に迫ろうとする試みだと言えるでしょう。これに対し本書の理論は，子どもの「できない」姿，すなわちネガティブな側面を，正常な発達プロセスのなかに位置づけ，発達の時期区分における鍵として考えると同時に，次の段階に進んでいくために価値ある営みとしてそれを捉えていく部分に特徴があると言えるでしょう。

　次節では，本書でこのような問題意識が提示された背景について，もう一歩深めつつ探ってみようと思います。

Background　どのように生まれたのか

　本書はもともと，1つの書籍として著されたものではなく，いくつかの小論や講義の速記録をまとめたものです。本書のうち，この章で扱う「児童心理学の諸問題」は，1933 - 34年にレニングラード教育大学で行なわれた講義の速記録と，同時期に準備されていた草稿から構成されています。

　ヴィゴツキーの活躍した1920年代後半から1930年代にかけてのソビエト心理学では，「心理学の危機」という問題が活発に議論されていました（ヴィゴツキー，1987）。「心理学の危機」とは，心理学にさまざまな方法論・学派が乱立しているいっぽうで，人間固有の心理現象や精神発達をトータルに説明する方法論（＝一般心理学）が欠如している状況を指します。ヴィゴツキーは，このような問題意識が哲学者や理論系の心理学者から出てきたものではなく，「精神病理学者や精神技術学者，心理科学のもっとも正確で具体的な分野に関わっている人々」すなわち実践の場で対象児（者）と向き合う心理専門家から提起されたことに注目します。1934年に早逝したヴィゴツキーにとって，本書が最晩年の講義・著作であることを考えると，「児童心理学の諸問題」には，このような問題意識とそれに対する考察がもっとも先鋭的なかたちで収められていると考えてよいでしょう。このことを子どもの発達の時期区分，すなわちその捉え方という問題と照らし合わせたときに考えられるのは，ヴィゴツキーが次の点を意識して発達論を構成しようとしたのではないかということです。それは①個々の時期ごとにではなく，子どもの発達過程全体を説明できる枠組みとし

ての理論，②子どもと直面する臨床の場で，実際に子どもを見る視点として機能する理論，という2点だと考えられます。

本書の冒頭では，それまでの研究においてなされていた発達の時期区分の試みが3つのグループに分けて整理されます。それは，1）教育課程の時期区分に代表される，子どもの発達そのものではなく，それとなんらかのかたちで結びついている他の基準を用いて区分しようとする試み，2）歯牙発達や性的発達に代表される，発達における特定の外的特徴を基準にして区分しようとする試み，3）ゲゼル（Gesell, A.）の発達論に代表される，子どもの「現下の発達量」すなわち今できることを基準にして区分しようとする試みです。

ヴィゴツキーはこれらに対し，1）は発達と密接に関連する可能性があるいっぽうで，そもそも子どもの「発達」を分析し説明する枠組みになりえないことからそれを退けます。また2）に対しては，そこで当該の基準を取りあげる根拠がないことに加え，ある基準が発達におけるどの時期にも同じように重要であるとは限らないという問題点を指摘します。例えば性的発達は思春期においては大きな意味を持つが，それ以外の時期にはそうではないように，取りあげられる外的な基準が，子どもの発達過程全体にわたって有効な説明基準として同じように機能するとは言えません。つまり先にあげた①，すなわち子どもの発達過程全体を説明できる枠組みとしての発達論という条件を満たすことは，1）や2）の試みでは困難だということです。

さらに3）に対しては，子どもの現下の発達量を記述しようとする試みゆえに，発達過程において新しいものがめばえるメカニズムを捉え記述することが原理的に難しいことを指摘します。3）でヴィゴツキーに批判されているゲゼル自身も指摘していることですが，臨床の場において子どもを診断するにあたり必要なのは「測定」ではなく「解釈」です。ヴィゴツキーは，咳を訴える患者に病気は「咳」であると診断する対処療法的時代の医療診断のたとえを示して，「無益な診断は，観察した現象について何も説明することができず，その前途についてどんな予測もすることができず，実際的な助言も与えることができません。真の診断は，説明，予測，科学的に根拠のある実際的指示を与えなければなりません」（p.41）と述べます。ここから考えると，臨床の場において実際に子どもを見る視点として機能する発達論においては，単に子どもが「今

52　5　子どもの「できなさ」には意味がある

できること」について述べられるのではなく，これからどのような新しい姿が
めばえていくのか，もう少し言えば「できる」様子だけではなく「できない」
様子も含めた今の姿が，これからの姿にどのように結びついていくのかについ
ての有機的な説明がなされる必要があります。子どもの「今できること」に着
目する試みは，例えば2歳程度の発達課題に成功した子どもについて「2歳レ
ヴェルですね」と言うことはできますが，これからどのようなタイミングで次
の姿が現れてくるのか，今目の前の姿は，次の姿が現れるにあたっての原動力
になるのか，そうはならないのかという説明そして予測を述べることはできま
せん。つまりそれは，臨床の場で子どもを見る視点として機能する発達論とい
う，先にあげた②の条件を満たすことができないことになります。

　ヴィゴツキーの問題提起からは，すでに80年近くの時間が経過しつつあり
ます。しかしそこには，子どもの表面的な姿のみに着目して発達を理解しよう
としてはいないか，子ども全体を捉えず，ある特定の部分に着目して発達を理
解しようとしてはいないか，発達臨床的な場において，子どもの現状を言い換
えるような診断やアセスメントで実践が終えられてはいないかなど，今現在も
続く問題と照らし合わせても決して古いとは言い切れない指摘が含まれている
ように思われます。では，これらの背景をもとに，ヴィゴツキーは具体的にど
のような「新しい」発達論を提起したのかを次に見ていくことにしましょう。

Creativity　なにが新しいのか

　改めて本書の新しさとは，どのような部分にあると言えるでしょうか。先に
も述べたように，80年前の著作に新しさを読み込むというのは少し考えてみる
と不思議な作業ですが，「発達」に関わる現在の議論や課題と照らし合わせた
とき，次の2つの観点にそれを集約できるように思います。1つはAbstractの
項で述べた「危機期」を発達過程の中に位置づけた論だということ，もう1つ
は，この発達論を実際の子どもを見る視点として機能させるために必要な道具
が準備されているということです。

　ヴィゴツキーは危機期について「危機的時期の子どもは，獲得することより
も，むしろ以前に獲得したものを失うことの方が多い」(p.21) と述べます。本

L. S. ヴィゴツキー『新児童心理学講義』　　**53**

書で危機期として具体的に論じられているのは，新生児期，1歳の危機，3歳の危機，7歳の危機です。例えば3歳の危機とは，大人が要求したからこそ現れる否定的反応である「反抗癖」，自分が要求したという事実そのものに縛られ要求し続けるという「強情」，子どものために定められたしつけや生活様式への反抗である「反抗心」，自分ですべてを行ないたいという「わがまま」という4つの兆候により特徴づけられます。

　表面上はこのような，大人との間における「教育困難性」として現れる「3歳の危機」は，その前段階の安定期である幼児期（1～3歳）を特徴づける年齢的新形成物が伸びていった1つの結果として訪れたものとして考えることができます。ヴィゴツキーは例えば，子どもが背後にある石にどのように腰掛けるかというレヴィンの実験を引用して，振り向く，実際に手で触れる，足の間から眺めるなど，2歳までの子どもは実際に視野に入る対象との直接的な関係に依存して行動することを述べます。幼児期はそのような直感的な意識に基づいた行動から，目の前にないものとの関係でも行動することが徐々に可能になっていく時期です。その結果として子どもは，対象が目の前になくなっても自分の要求を保持することが可能になっていきます。次の具体例から考えてみましょう。

　　2歳半のヨウちゃん。これまではすり傷をつくっても，水で洗ってちょっと消毒し，「痛いのとんでいけ！」のおまじないをすれば気持ちが切り替わっていました。ところがお姉ちゃんからの影響か，最近は絆創膏を，なかでもアニメのキャラクターのプリントされたそれを貼らないと満足しない様子です。最近も公園で転んでちょっと指を擦りむいたのですが，その後何日も絆創膏を貼ってとせがみます。これまでどおりにはいかず，ほとほと困ったお母さんに「バンコウソウはって！」とまた差し出された手をふとみると……あれ，擦りむいた手と逆では……。

　新たな“道具”を手に入れると，人はそれに合わせてふるまいを変化させていくように，子どもが新たな活動形態を身につけるとは，子ども自身の変化のみならず，それを支える周囲の人間に「支え方」の変化を強いることになりま

す。大人からすればそれは，今まで「これでよい」と思っていたコミュニケーション様式や，それをベースにした働きかけが徐々に通用しなくなるということです。それまでは一度要求が思い浮んでも忘れてしまうことが多かったヨウちゃん。徐々にそれを保持することが可能になってきました。それと向き合うお母さん。これまでは気持ちを受け止める働きかけで満足してもらえたはずなのに，それでは通じなくなってきました。弱った……。そのいっぽう，ここでのヨウちゃんの要求は，差し出されたのが逆の手であることからもわかるように，すり傷に対してなんとかしてほしいというものではないようです。先のヴィゴツキーによる指摘に照らし合わせれば，それは，始めに要求をした内容そのものに縛られた結果めばえた「強情」，そしてこれまでのやり方で何とか気持ちを切り替えさせようとする大人の求めに対する反応である「反抗癖」として理解できるでしょう。

　子育てや保育，教育のプロセスにおいて，当然のことながら大人は，子どもが新たに「できる」ことを目指して働きかけます。「危機期」とは，その働きかけが一定の形になり，子どもに新たな活動形態が定着した結果，皮肉にもそれを支えてきたこれまでの営みが変化を迫られる時期のことを指すものと考えられます。ここの例で言えば，大人に支えられ，目の前にない対象や結果を見通し，保持できるようになった結果，子どもに可能になるのは「反抗癖」や「強情」と称される姿です。発達過程において見られる，以前に獲得したものを失ったような姿は，実はこのように「できるようになった」1つの帰結として理解できます。それは発達における例外でも避けるべきものでもなく，子どもが何らかの新しい力を十分に身につけたことの1つの証だと言えるでしょう。

　いっぽう，本書におけるもう1つの「新しさ」として本項の冒頭で述べた，「実際の子どもを見る視点として必要な道具」とは，どのような意味として捉えたらよいでしょうか。そのために有意義だと思われるのは，ヴィゴツキーが提起したものとして有名な概念である「最近接発達領域（発達の最近接領域）」の問題です。一般にそれは，教育実践について考えるうえで重要な概念として紹介されています（前書［夏堀・加藤，2007］第2章ほか参照）。そのことに加え本書において提起されているのは，子ども－大人間に最近接発達領域が機能しているかに着目することで，発達過程の時期区分が可能になるだろうという視

点です。

　先述した大人との間の「教育困難性」とは，別の言い方をすれば最近接発達領域がより狭くなった時期である，と言うことができます。ヴィゴツキーは「収穫予想をたてる園芸家が，果樹園の成熟した果物の数だけを計算し，果樹の状態を評価せず，まだ熟していない果実を計算に入れないのは間違っている」(p.34) というたとえを示しながら，実際の子どもの発達診断において，（ひとりで）「できる」という成果のみからそれを把握しようとするのではなく，これから「できつつある」過程を把握することの必要性を指摘しました。発達過程の分析そして発達の時期区分は，区分そのものを目的として行なわれるのではなく，実際の子どもを見つめる視点としてそれが機能した際にはじめて意味をもつものです。そのような意味で最近接発達領域への着目は，大人との関係という具体的な手がかりに着目しながら発達を時期区分しようとする試みだと言うことができます。子どもに獲得された新しい力の記述だけではなく，それがどのようなかたちで子どもの活動として現れるのか，「教育困難性」として目に映る場面こそ，子どもの発達においてこれまでとは質の異なるなにかがめばえ，これからの展開にあたっての基礎となりうるのではないかという視点は，それを境に子どもへの働きかけの質を変更することを可能にするという意味で，臨床的に有効な発達の時期区分を導くものだと言えるでしょう。それは，「できる」の集積から発達の実際を把握しようとする営みでは難しい，子どものこれからの姿を説明そして予測を試みる視点へとつながりうるといえます。

Direction　なにに使えるのか

　本書の発達論が約 80 年前に構想された後，改めて記すことができないほど多くの発達研究が積み重ねられてきました。そのことをふまえると，本書における「○歳の危機」という知識がそのまま臨床の場面で応用できるかと言えば，必ずしもそうは言えないと考えるのが自然であるように思います。本書の視点は，現代を生きる私たちが「発達」について考えるうえでどのような示唆を与えてくれるのでしょうか。タイトルである「年齢の問題」という部分に改めて立ち戻りつつ，最後にこの問題について考えたいと思います。

56　5　子どもの「できなさ」には意味がある

　子どもの発達における「年齢の問題」といったとき，みなさんにはどのようなことがイメージされるでしょうか。おそらくすぐに思い浮かべられるのは，「○歳になると××できる」という表現に端的に表される，年齢を軸に子どもの発達を描く試みでしょう。これに対し，特にここ 10 から 20 年ほどの間に，このような見方は子どもを静的な姿で捉えてすぎているのではないか，子ども一人ひとりに紡ぎ出される物語を捉えることができなくなるのではという批判が，心理学内外のさまざまな立場からなされてきました（発達論の整理については川田［2007; 2009］，中村［2009］ほか参照）。例えば「1 歳ごろには『マンマ』などの言葉が出はじめる」といった「年齢に基づく発達の知識」を得ることは，子育てや保育に携わる大人の安心感につながるかもしれません。その反面，「1 歳になると言葉が出なくてはいけない」のようにそれを機械的に子どもにあてはめたり，絶対的な基準として考えたりするのは一面的であることも確かです。そこには窮屈さや不安が感じられることもまた事実でしょう。このような観点から考えると，年齢を軸に発達を描く試みは，なんだか少し古い，時代遅れの営みであるように感じられるかもしれません。

　しかしながら，ここで例にあげた「1 歳ごろには『マンマ』などの言葉が出はじめる」は，実は現在の「母子健康手帳」に掲載されている記述を引用したものです。これは典型的な例の 1 つですが，ここからも明らかなように，現代日本の社会においては，「年齢」という概念にふれずに子育てや保育をすることはかなり難しいのが現実ではないかと思います。仮に「年齢にこだわらず子育て／保育を」という立場をとろうとしても，生活するうえで年齢に関する情報との出会いを避けることはできません。発達研究においてはすでに古いものとされている『「年齢」を軸にした視点』が，いっぽうで私たちの社会のなかでは大いに機能している事実を前に考えねばならないのは，実は，年齢を軸にした発達の記述はそもそも「○歳になると××できる」というかたちに帰着するものなのかという問いであるように思われます。

　本書においてヴィゴツキーが扱ったのは「年齢の動態」という視点でした。別の言い方をすれば，子どもがある年齢において「できた」姿を動かない標本として取り出すのではなく，「できつつある」姿とそれを支える構造を記述しようという視点です。ここから考えると，年齢から発達を捉えるとは「できる姿」

を捉えるためのものではなく，子どもの「できなさ」がなぜめばえたのか，いかに次へとつながっていくのかを読み込んでいく試みであり，年齢はそれにあたっての1つの手がかりなのだと理解できることでしょう。

　他者と向き合ったとき，これまで無邪気だったはずの子どもが，急に後ろ向きになる8か月や2歳のころ，友達に心惹かれるが手も出てしまう1歳おわりや2歳のころ，たくさん会話ができるようになったいっぽうで，「バカ」「ダメ」「アッチイケ！」などの悪い言葉も口にする3歳のころ……ヴィゴツキーが指摘した姿はもちろん，それ以外にも，子どもの日常には前向きな姿だけではなく，一見ネガティブな姿に思える場面がたくさん見られます。そのような子どもの様子は，決して発達が単純に後退したことの表れではなく，次への一歩を踏み出すプロセスとして，発達過程のなかで必然的に現れたものとして考えることができます。何事も「効率よくできる」ことが求められ，教育においては将来の姿との「連続性」が強調されることの多い現代において，本書の視点は，子どもができなかったり，後戻りしたり，無駄に見える行動を繰り返す姿には一定の意味があるはずだということ，そしてこれから発達の世界が拓かれる存在であるである子どもに「できない権利」を保障することの大切さを教えてくれるように思われます。

文　　献

川田 学　2007　発達理論を問い続ける：その新しい役割に対する予備の考察として．心理科学. 27 (2). 15-25.

川田 学　2009　心理学は子どもをどのように捉えうるか．心理科学研究会（編）　小学生の生活とこころの発達．福村出版．Pp.178-188.

中村和夫　2009　発達段階論と発達理解の新たな展望．心理科学研究会（編）　小学生の生活とこころの発達．福村出版．Pp.189-199.

夏堀 睦・加藤弘通（編）　2007　卒論・修論をはじめるための心理学理論ガイドブック．ナカニシヤ出版．

岡本依子・菅野幸恵・塚田－城みちる　2004　エピソードで学ぶ乳幼児の発達心理学：関係の中でそだつ子どもたち．新曜社．

ヴィゴツキー, L. S.　柴田義松・藤本 卓・森岡修一（訳）　1987　心理学の危機─歴史的意味と方法論の研究．明治図書．

（松本博雄）

6 ■ やりたいようにやることが自由なのか

A. N. レオンチェフ『子どもの精神発達』

松野豊・西牟田久雄訳，明治図書，1967 年

〈関連分野〉
学習，動機，協働性

Abstract　なにが書かれているのか

　ある生徒 A が試験期間中に歴史の本を読んでいます。そこに他の生徒がやって来て，「その歴史の本は，今回の試験範囲には関係ない」と告げたとしましょう。そのとき，生徒 A がとりうる行動として，次のようなものが考えられます。（ア）ただちにこの本をわきに投げ出す。（イ）それでも引き続きその本を読み続ける。

　（ア）の行動を選択したなら，私たちは，A がしていた読書という行動の動機は，読書自体にあったわけではなく，もっと別のところ，すなわち，試験で良い点をとることにあったことがわかります。それに対して，（イ）の行動を選択したなら，読書という行動の動機は，読書自体にあったことがわかります。レオンチェフ（Leont'ev, A. N.）は，（ア）のように，「本の内容を理解する」という行動の目的とその行動を行なう動機が一致していないものを「行為」とよび，（イ）のように，行動の目的と動機が一致しているものを「活動」とよんで区別しました。そして，この活動，行為という区分に，さらに「操作」という区分を加えることで活動理論を構想し，学習や発達，進化といった人間の変化の仕組みを捉えました。どういうことか，具体的に見ていきましょう。

　例えば，車の運転を例に考えてみましょう。自動車免許を取得したての初心者にとっては，「自動車を運転すること」自体が 1 つの動機をもった活動です。

A. N. レオンチェフ『子どもの精神発達』　59

	操作	行為	活動
初心者	席に座る	ギアチェンジ	運転

	操作	行為	活動
熟達者	ギアチェンジ	運転	目的地に行く

図 6-1　活動理論による運転の学習・習熟過程の理解

そして，その過程で行なわれるアクセルやブレーキ，ギアチェンジといったものは，「走らせるため」「止まるため」「スピードを出すため」というように，それぞれ「自動車を運転する」という活動／動機のもとで，意識された目的を持つ行為と言えます。ところが運転が習熟するにつれ，車でいろんなところに出かけるということが主要な関心事になると，「ある目的地へ行く」ということが活動／動機ということになり，「自動車を動かすこと」は，活動／動機を満たすための 1 つの行為なります。そして，初心者にとっては明確に意識されていたアクセル，ブレーキ，ギアチェンジというものは，もはや意識されることのない操作となります。活動理論によれば，学習・習熟の過程というのは，このように「活動 – 行為 – 操作」という階層システムの区分の相対的な変化として捉えられることになります（図 6-1）。

　上記の例は，個人における活動の理解でしたが，これを集団の活動にも応用して考えることができます。レオンチェフは，それを原始的な共同狩猟の例で説明しています（エンゲストローム，1999）。例えば，共同狩猟において，獲物を狩り出して追い立てる勢子という役割の人がいます。そもそも彼が狩りに参加しようと思った動機は，食料を得たいという欲求からなのですが，彼が具体的にとる行動だけではその欲求が満たされることはありません。彼が具体的にとる行動とは，動物を驚かせ，追い立て，それを待ち伏せしている狩人のところへ向かわせること，それだけです。残りの部分は，この狩りに参加している他の人によって遂行されます。つまり，勢子の狩りに参加した動機と実際に行っていること（の目的）が一致していないということです。したがって，この場合，狩り全体が活動であり，勢子の動物を追い立てる行動は行為，そして，追い立てる際に棒か何か道具を振り回したりしているとするなら，それが操作

60 6 やりたいようにやることが自由なのか

ということになります。

　そして，このとき重要なのは，勢子の行為と動機を結びつけているのが，勢子個人と集団の他のメンバーとの社会的関係だということです。この関係によって，勢子の行為は動機と結びつき，食料にありつけるわけですし，また当初の動機とは本来関係のない勢子という役割・立場をとる意味を得るわけです。

　このことは人間の精神発達を進化論的，あるいは歴史的に捉えるという点で重要な意義を持っています（Tolman, 2009）。どういうことかというと，このような社会的関係に参入することで，自分の欲求を対象化して捉え，抑制することができるようになります。つまり，「自分の食欲という欲求は，他者の行為に媒介されて満たされる。だから，今，自分が行なうべき（目的）は，他者の次の行為へとつながることであり，そのための行為をなすべきだ」という具合にです。これはちょうど幼児が，自分の手の届かない範囲にあるものを手に入れたいという動機のために，周囲の大人を動かそうとする行為と似ています。幼児は，自らの生理的な欲求を単に満たそうとするのではなく，いったんそれを対象化し，抑制します。そして，大人を媒介させるという新たに立てられた目的のために，指さしや身振り，泣きや表情といった自己を表現する手段を発達させていきます。

　話を勢子に戻しましょう。彼も共同狩猟という関係のなかで，より効率的に動物を驚かせ，狩人のもとへと追い立てる手段を発達させていきます。と同時にそれは，勢子としての自分の役割を発達させることであり，さらに新たな目的（より効率的に狩りを行なう）を立て，従来の勢子の役割を改変していくことでもあるわけです。つまり，私たちは，社会的関係に参入することよって，自己や自らの欲求を対象化（意識化）したり，役割や立場を形成，改変してきた／している，すなわち，人間の意識や人格を形成しているということです。そして，この社会的関係のつながりは，活動のなかで実現されます。したがって，人間の意識や人格の発生や変化を問うには，活動という水準を分析する必要があるというわけです。つまり，人間の精神発達の問題を問うためには，活動を分析単位としなければならない，これがレオンチェフの唱える活動理論のテーゼなのです。

Background　どのように生まれたのか

　活動という視点から，意識や人格の発生・形成を問うレオンチェフのアイディアは，当時の心理学，哲学の世界で主流だった主体−客体の二項図式的な見方に見直しを迫るものでした。主体−客体の二項図式とは，単純に言えば，「外側のものが内側に入ってくる」という考え方です。例えば，この考え方でいくと，意識は外側のものを写す鏡のようなものとして捉えられることになります。すなわち，視覚で考えるなら，外側にあるコップという客体が，私という主体の網膜に映し出されることによって，「今，私が机の上にあるコップを見ている」という意識現象が生じていると考えるというわけです。しかし，この考え方では，視覚を失った人でも，意識を失うわけではないという事態の説明がつきません。レオンチェフによれば，「盲ろう児であっても，人間に固有である対象的行為の操作や言語を習得すると……晴眼者や健聴者の意識と異なることのない正常な意識が形成される」（レオンチェフ，1980，p.111）のです。つまり，意識とは，何か外にあるもの（客体）を写し出すものではなく，他者とのコミュニケーションを通して発生，あるいは構成されるものなのです。

　このような二項図式は，意識に関してだけでなく，人格に関してもあてはまります。人格の場合，二項図式は，「遺伝と環境」という形をとります。つまり，「人格は遺伝と環境という二つの要因によって形成されるとする二要因論」（レオンチェフ，1980，p.131）です。レオンチェフによれば，この両陣営は，一見対立しているように見えても，「人格が［どちらか一方の要因によってのみではなく，遺伝と環境という］二つの要因によって決定されるということを承認しているという点では共通して」（レオンチェフ，1980，p.132）（［　］内引用者）います。このような考え方に対する反証として，彼は「苦いチョコレート」という実験を持ち出します。それは次のようなものです。

　　……実験者は子どもに課題を与えた。つまり，椅子から立ち上がってはいけないという規則をちゃんと守って，あそこにある対象（手の届かない所にある）を取りなさい，という課題である。子どもがこの課題にとりかかるや否や，実験者は隣の室に移ったが，……観察を続けた。一連の無益な

試みの後に子どもが椅子から立ち上がり，対象のほうに近より，それを取り，そそくさと自分の席に戻るということが一度あった。そこで実験者は，すぐに子どもの所に行き，彼の成功を称賛し，ほうびにチョコレートを与えてみた。ところが子どもはチョコレートを拒否し，それでも実験者がチョコレートをすすめると，しのび泣きを始めたのである。（レオンチェフ，1980，p.147）

　この実験事例では，ズルをした子どもが，実験者とのやり取りを通して，違反者としての罪悪感にさいなまれていることがわかります。だからこそ，このとき，与えられたチョコレートは子どもにとって甘くはなく，苦いものになったのです。この事態をレオンチェフは「犯行」という言葉で記述していますが，それに倣うなら，このとき，この子どもは「罪人」としての人格を形成していると言えます。しかし，この人格形成を遺伝と環境によって説明することは困難です。なぜなら，生物学的な要因で考えるなら，チョコレートは甘いはずであり，このとき感じられた苦みは説明することはできません。また環境要因でもうまく説明されません。というのも，環境側（実験者）がやったことは，あくまで「称賛」であり，決して，彼を罪人として扱ったり，責めたりしているわけではないからです。したがって，この「称賛」をどんなに詳しく検討したとしても，決して，この子の罪人としての罪悪感や人格形成を解明することにはつながらないのです。

　この罪悪感／罪人としての人格形成は，遺伝によるものでも環境によるものでもなく，違反という行為と実験者による称賛という行為が，「椅子から立ち上がってはいけないという規則をちゃんと守って，対象を取るという」活動のなかで，関係づくことにより生じているのです。つまり，規則を定める者／評価する者としての実験者とそれを遵守すべき者としての自分という関係のなかだからこそ，違反行為をした自己とそこまでして対象を取ろうとした自分の欲求が対象化され，罪悪感を引き起こし，罪人としての人格が発生／形成されると考えられるのです。

　このようにしてレオンチェフは，活動及びそのなかで実現される関係性という視点から意識や人格の発生を問うことで，従来の主体 - 客体，遺伝 - 環境と

いう二項図式を乗り越えようとしたというわけです。

Creativity　なにが新しいのか

　一般的には活動理論の新しさは，人間の精神の発達を協働や集団という視点から捉えなおしたことにあると言われます（エンゲストローム，1999）。もちろん，このような視点に立つことによって，人間の意識や人格がどのように歴史的過程のなかで発生し，形成されてきたのかを問うことが可能になったということには大きな意義があると思われます。しかし，ここではこれまで，あまり注目されてこなかった「主体性」という側面に注目したいと思います。

　レオンチェフの思想を批判心理学の文脈に応用している Tolman（2009）によると，主体性とは「行為可能性」であり，主体とは「社会の中の自分のポジションよって可能になるある種の力を持った行為者」ということになります。どういうことか，食欲といった基本的な欲求の充足を例に考えてみます。例えば，現在の日本社会は，分業が行きわたったおかげで，私たちは日常生活に潜むさまざまな雑事を心配したり，それに時間を取られなくて済むようになりました。もし日常生活のすべてのことを自分でしなければならないとしたらどうでしょうか。食料となるものを捕獲し，それを加工して調理するだけでも，一日の大半の時間が費やされてしまうでしょう。そして，そのおかげで，いろいろなことをやりたいと思ったとしても，その多くは諦めなくてはならなくなります。その意味で私たちの行為は，基本的欲求にしばられることになり，他に取りうる行為可能性は狭まります。しかし，実際の社会では分業が行きわたったり，テクノロジーが発達することで，私たちは基本的欲求の充足から解放され，新たな欲求に目を向けたり，その充足のために時間を使うことが可能になっています。例えば，先の共同狩猟の例で言えば，勢子は「獲物を仕留める」「肉をさばく」「道具を作る」というその他諸々のプロセスを他者と分業できるおかげで，自らの勢子としての役割に没頭でき，その技術の向上という新たな欲求を充足させることも可能になります。そして狩人は，勢子や弓矢や銃といった道具を作成してくれる人のおかげで，戦術を広げたり，より大きな対象を仕留めることが可能になります。つまり，私たちは，社会のなかに組み込ま

れ，立場を得ることによって，主体となり，その行為可能性を高めることができる。言い換えるなら，私たちは社会の中に組み込まれることによって，より自由な存在になれるというわけです。

　ここには以下の2つの意味での面白さがあります。1つは，ふつう私たちは，他者と関わったり，社会に出ることは，自分の欲求を抑えたり，行動に制限をかけなければならないという意味で，不自由になることだと考えがちです。しかし，活動理論の考え方では，逆に社会や他者との関係に組み込まれることで，自由になっていくと考えます。例えば，学校で教育を受けるということに不自由さを感じる人は多いのではないでしょうか。本当は遊びたい，あるいは他のことをやりたいのに，勉強をさせられているという意味で，自由を損なわれていると思うというわけです。それに対して，レオンチェフは次のような例をあげています。

　外に早く遊びに行きたいがためにまじめに予習をしている子どもがいます。つまり，まじめに予習をするというのが行為で，早く外に遊びに行きたいというのが動機／活動ということです。ところが，まじめに予習という行為をするうちに「ずっと大きなものに達する」場合があります。どういうことかというと「彼は遊びに行く可能性を手に入れるだけでなく，［試験で］良い点をとることもまたできるようになる」（レオンチェフ，1967，p.52，［　］内引用者）ということです。つまり，嫌々他者からやらされていたことが，彼の行為可能性を広げているということです。これは先に述べた分業などでも同じです。このように通常の考え方では「他者や社会と関わると自由が損なわれる」と考えるところを活動理論では，「他者や社会と関わることで人間は自由＝主体的になれる」と考えるところに面白さがあると思われます。

　もう1つの面白さは，自分の欲求や欲望のままにふるまうことは自由ではなく，欲求や欲望に振り回されているという意味で不自由だと考える点です。例えば，共同狩猟で考えるなら，勢子は自分の食欲を一時的に抑え，狩りに参加することで，より効率的に食事にありつけます。そのおかげで余った時間を他のことに充てることも可能になります。また先の予習の例でも，遊びに行きたいという欲望を一時的に抑えたがために，行為可能性が広がっていました。さらにこの例では，欲求を抑え，まじめに予習に取り組むことで，「試験で良い点

をとりたい」という新たな動機が生じてきています。すると「もっと勉強をしたい」という新たな欲求が生まれるかもしれません。つまり，欲求や動機はただ与えられるだけではなく，行為することで，自ら創り出したり，コントロールすることができるものでもあるということです。

このように活動理論の面白さは，社会的になることが主体的になることであり，「やりたいようにやること」が必ずしも自由＝主体的ではないと考える，通常とは逆の見方をするところにあると思われます。

Direction　なにに使えるのか

以上，見てきたようにレオンチェフの理論の面白さは，「社会に組み込まれることで，人間は自由になれる」，あるいは「欲求のままに何かをすることが自由なのではない」という視点の変更にあると考えられました。それではこのような視点に立つことで，どんな見方が切り開かれるのでしょうか。1つずつ見ていきましょう。

1つめの「社会に組み込まれることは自由が損なわれること」ではなく，「社会に組み込まれることで，人間は自由になれる」という考え方は，例えば，不登校やひきこもりの人たちへの見方の変更に通じるのではないかと思います。よくひきこもりの人たちを指して，「自由でいいね」「自分だけ自由でずるい」というような意見・感想が聞かれます。つまり，ひきこもりの人たちは，学校や社会，あるいは人間関係から撤退して，自由を謳歌していると思われているわけです。そして，時には，その対策として「ただでご飯を食べさせることが悪い」や「生活費を与えるな。そうすれば働き出す」というように，そうした自由を可能にしている条件を奪うような策が提案されることがあります（加藤，2008）。

しかし，見方を変えて考えてみると，彼らは本当に自由なのでしょうか。活動理論の立場から見ると，あらゆる関係から撤退している彼らは，逆に不自由な存在，あるいは主体性を損なわれている存在と見ることができます。「寝たいときに寝て，起きたいときに起き，食べたいときに食べる」というひきこもりの人たちにしばしば見られるライフスタイルは，自由を謳歌しているという

より，欲望や欲求に振り回され，そこから自由になれない姿として見ることも可能なのではないでしょうか。そのように考えるなら，自由を制限されている彼らから，さらになにかを奪うという支援より，どんな形であれ，社会的な関係に参入できるような支援や仕組みが必要であると思われます。

　もう1つの「欲求のままに何かをすることが自由なのではない」というのは，言い換えるなら，「欲求のままに何かをすることが，人間を自由にするわけではない」とも言えます。上述した例で言えば，早く外に遊びに行きたいがために，まじめに予習に取り組む子どもの話は，結果的に，外に遊びに行く可能性と試験で良い点を取る可能性までも手に入れていました。このとき，大切なのは，「遊びに行きたい」という動機があって「予習をする」という行為が起きるだけでなく，「予習をする」という行為から新たに「試験で良い点を取りたい」という動機が生じてくるという点です。つまり，これを図式的に示すなら，「動機→行為」から「行為→動機」へと転換する際に，私たちの行為可能性＝主体性は高まるということです。

　そして，このような考え方は，現在の学校教育に対しても示唆を持つと思われます。どういうことかというと，現在よく言われる「生徒や学生のニーズに合わせた授業を」「役に立つ授業を」というスローガンは，小中学校の教育などでも良く聞かれますし，大学教育のFD[1]などでもしばしば言われることです。いずれにしても，「生徒や学生の興味関心に合わせた授業を」という点では共通しています。これは興味関心が実際の勉強という行為より先行しているという意味で，先の図式でみたところの「動機→行為」に対応する過程です。もちろん，こういう形で授業に入っていくことに一定の意義がある場合はあると思います。しかし，本当に大切なのは，子どもや学生が勉強をすることで，新たな動機を形成できる，「行為→動機」に対応する過程のほうです。ここでさらに重要なのは，極論すれば「動機→行為」のプロセスは，必ずしも教育にとって必須ではないということです。つまり，最初に勉強に対する動機づけなどがなくとも，勉強するなかでそれを調達することができれば，勉強し続けること

---

1) **FD**　ファカルティ・ディベロップメント（Faculty Development）の略。大学教員の教育能力，資質向上のための組織的取り組みのこと。

は可能だからです。しかし，どんなに最初に勉強に対する動機づけがあったとしても，勉強するなかで新たな動機が形成されなければ，早晩，教育からの離脱が生じてしまいます。

　したがって，以上のように考えるなら，教育の課題は「行為→動機」という過程をいかにして創り出すかという点にあると言えます。これは現在，かまびすしく言われる「生徒や学生の興味関心に合わせた授業」を良しとする「動機→行為」型の授業観に見直しを迫るものであると言えるでしょう。

　このようにレオンチェフの思想は，「自由」や「主体性」といった人間の価値的な側面に新たな光を投げかけるものです。実証的な心理学研究において，こういった価値的な側面が，意識されることはほとんどありません。しかし，私たちが素朴に使う発達や教育といった言葉には，常に「何をもって良しとするか」という側面が含まれており，実際にある価値観に基づいて，支援や対応が考えられています。そういった私たち研究者，あるいはその卵である学生・院生が知らず知らずのうちに従っている価値観を改めて問い直すという意味で，現在，レオンチェフの理論を改めて読み直す意義は大きいと思います。

文　献

エンゲストローム, Y.　山住勝広・松下佳代・百合草禎二・保坂裕子・庄井良信・手取義弘・高橋登（訳）　1999　拡張による学習．新曜社．

加藤弘通　2008　格差社会における若者の〈自己実現〉．都筑 学（編）　働くことの心理学：若者の自分さがしといらだち．ミネルヴァ書房．Pp.100-120.

レオンチェフ, A.N.　西村 学・黒田直美（訳）　1980　活動と意識と人格．明治図書．

Tolman, C.W.　2009　Holzkamp's critical psychology as a science from the standpoint of the human subject. *Theory and Psychology*. 19 (2). 149-160.

（加藤弘通）

7 ■ サルが人間になるについての「意図理解」の役割

M.トマセロ『心とことばの起源を探る：文化と認知』
堀壽夫・中澤恒子・西村義樹・本多啓訳，勁草書房，2006 年

〈関連分野〉
比較認知科学，社会的認知，自己と他者

Abstract なにが書かれているのか

　「人間とはなにか？」と問われたとき，あなたならどのように答えるでしょうか。古今東西，私たちはこの問いに直面してきました。人間とは社会的存在である，理性を持った存在である，遊ぶ存在であるなど，その存在の本質を表現しようとした言説もあれば，二足歩行や手の使用，道具，言語といった機能に着目する論者もいます。「人間とは考える葦である」と，比喩的に表現した人もいました。いずれも，確かに特定の観点および条件下で成立する答えでしょう。しかし，「人間とはなにか」という問いが，常に人間以外のものとの比較の上に成り立つことを忘れてはなりません。人間は確かに社会的存在ですが，地球上に棲息する多くの動物が社会的存在であるということもまた，数々の研究が示唆してきたことです。理性，遊び，二足歩行，手の使用，道具，言語なども，人間とまったく同じではないにせよ，特に霊長類の仲間には共通する側面も見出されています（松沢，2010）。「人間とはなにか」という問いに答えるのは，そう容易なことではないようです。

　なにかの問いに答えようとするときには，自らの足場（スタンス）を定めなければなりません。「人間とはなにか」という問いは，哲学的な問いでもあり，文学的な問いでもあり，人生論的な問いでもあり，そして，科学的な問いでもあります。本書のなかでトマセロ（Tomasello, M.）は，比較認知科学という足場から，この壮大な問いに答えようとしています。比較認知科学

（comparative cognitive science）とは，ヒト[1]が進化的にどのように現在のような心の世界を獲得してきたのかについて，霊長類等の他の動物種との比較を通して明らかにしようとする分野です。この10年ほどの間に急成長を遂げてきた比較的新しいアプローチだと言えます。明和（2006）によると，比較認知科学の前提として，ヒトも動物の一種であり，他の動物と同じように進化の産物であるという生物学的認識があります。トマセロも，進化という共通の時間軸において，ヒトと他の霊長類（特にチンパンジー）を比較検討しています。ただし，ヒトを理解するうえでは生物学的進化とは異なる歴史的進化という側面を考慮しなければならないというあたりが，トマセロ独自の理論構成に深く関わっています。

　さて，本書の冒頭でトマセロは1つの事実を「謎」として提示します。それは，ヒトとチンパンジーにおける現在の適応的差異を説明するには「時間不足だ」という事実です。「時間不足」とはどういう意味でしょうか。ヒトとチンパンジーは，おおよそ500〜600万年前に共通祖先から分岐してそれぞれ独立した進化の道すじをたどったと考えられています。600万年と聞くと長いように感じますが，通常生物の進化は数千万年から数億年単位で生じると考えられていますので，600万年前というのは進化生物学的には「ついこの間」とも言える時間です。しかし，600万年後の現在，ヒトはコンピュータのような高度技術，数学や芸術，貨幣経済，教育システム，政治制度などを生みだしている一方で，チンパンジーはおそらく600万年前と同様に森の中で暮らしています。このような大きな違い[注1]を通常の生物進化の枠組みで説明するためには，600万年では足りないはずなのにどうしてか？というのがトマセロの問いの中心です。

　時間的な問題に加えて，生物としてのヒトとチンパンジーの近さもまた「謎」を大きくします。外見上はかなり違うようにも見えるヒトとチンパンジーですが，実は遺伝子の約98.8%を共有しているというのです（松沢，2010）。驚くべきことに，約1.2%という遺伝的差異は，ライオンとトラ，ウマとシマウマ，ドブネズミとハツカネズミのような近縁種の関係と同じくらいの近さを意味しま

---

1) ヒト　一般に「ヒト」という表記は「生物としての人間」を示している。

す。

　トマセロは，進化的時間の短さと遺伝的近さという事実を正面から見据えたうえで，1つの仮説を立てます。すなわち，チンパンジーとヒトとを分かつ生物としての差異は極めて限られた「なにか」であり，その「なにか」が引き金となって 600 万年の間にヒトとチンパンジーの生活様式を大きく隔てることになった，と。詳細は後述するとして，ここでは本書でトマセロが繰り返し強調する内容をダイジェストしてみます。トマセロによれば，他の動物種では不可能な方法によって認知的資源（文化）を蓄積できるところにヒトの固有性が認められ，それは模倣による学習（imitative learning），教示による学習（instructed learning），協同による学習（collaborative learning）の 3 つの文化的学習のタイプによって可能になるとします。そして，これらの文化的学習を支える社会的認知スキルこそが，他者を自分と同じように意図や精神生活を持つ者として理解する能力（意図理解）だというのです。ヒトとチンパンジーの現在の差異を生みだした「なにか」とは，この意図理解のことです。しかも，この驚くべき発達が生後 9 か月頃から生じるとし，トマセロは 9 か月革命（nine-month revolution）とよんでいます。

　さて，意図理解が文化的学習にとって不可欠であることについて，トマセロは次のように述べます。

　　文化的産物や社会的実践は―典型例として道具使用と言語記号をあげよう―どれもそれ自体を越えた外部の何物かの存在と結びついている。すなわち，道具はそれが解決するために作られた外界の問題と結びつき，言語記号はそれが表示するために作られた伝達の場と結びついている。したがって，道具や記号の慣習的な用法を社会的に学習するには，子供は他者がなぜ―すなわち外界のどのような目標に向けて―道具なり記号なりを使っているかを分るようにならなければならない。言いかえれば，子供は道具使用や記号行動の意図された意味―それは『何のため』なのか，道具や記号の使用者である『私たち』がそれによって何をするのか―を理解する必要があるのだ。(p.7)

M. トマセロ『心とことばの起源を探る：文化と認知』　71

　ヒトは約 600 万年前にチンパンジーとの共通祖先から分かれた後，どこかの時点でお互いに相手の意図を理解できるようになり，子どもは他者の意図や心を「通して」世界を眺めるという特殊な認知の経路をくぐって発達するようになりました。ヒトとチンパンジーを分かつ生物学的素質はただこの 1 点であり，他者の意図理解という 1 つの装置が，長い歴史的時間のなかでヒトを現在の状態にまで押し上げたのだという仮説です。このように考えることによって，「時間不足」の問題を解消し，謎を解く鍵が得られるとトマセロは考えたのです。

Background　どのように生まれたのか

　霊長類としてのヒトの特徴ということに関連して，少し歴史をさかのぼって回り道をします。エンゲルス（Engels, F.）の『猿が人間になるについての労働の役割』（原著 1876 年，邦訳 1965 年）という論文をご存じでしょうか。エンゲルスと言えば，マルクス（Marx, K.）とともに『資本論』を編んだことで知られる 19 世紀ドイツの知的巨人です。この論文は日本語訳で 20 頁足らずの小論で，書きかけの草稿のようなものなのですが，ヒトが他の霊長類とは異なる「人間」[注2] となった過程において，「労働」という営みが大きな役割を果たしたという説を展開した興味深い内容です。

　エンゲルスは，直立二足歩行，手の自由な使用が「労働」を生み，それが反作用して脳の発達に寄与し，ヒトが人間になったと指摘します。これは斬新な提案だったようです。なぜなら，当時の常識的見解は，人間への進化は何にも先んじて脳の増大があり，二足歩行や手の使用や言語はそれによってもたらされたというものだったからです。エンゲルスは，手の発達が道具の製作を促し，道具の製作が労働へとつながったと述べます。また，労働がさらに新しい道具や手の発達をもたらすという，システム論的な相乗作用にも言及している点が注目されます[注3]。さらに重要なのは，労働が社会成員をより緊密に結びつけ，連帯や協同をもたらし，集団的な作業の価値が認識されることによって，ヒトがより有効な協同へと動機づけられた結果，互いに何かを話し合わなければならないという事態が生じたという指摘です。つまり，エンゲルスは労働が言語

を生み出したと言おうとしていたのです。

　このようなエンゲルスの発想は，トマセロの仮説に通じています。ダーウィン（Darwin, C.）の『種の起源』の出版が1859年ですから，当時の情報流通速度を考えれば，エンゲルスの先見性には驚かされます。ただ，エンゲルスの説には今日から見ると2つの問題があります。1つは，個々人が獲得した手の技能などが，次の世代に遺伝すると考えていたように思われる点です。いま1つは，個人的な労働と集団的な協同をつなぐものについてふれていないという点です。

　前者について，今日の生物学では，先行世代が後天的に獲得した形質（例えば，寿司職人の手の使い方）は後続世代に遺伝しないというのが通説です。この点は時代的な制約があるため仕方のないことです。後者について，ここでトマセロが本書で指摘する他者の意図理解という社会的認知スキルの出番となります。エンゲルスはヒトの個人的な手のスキルから集団的な協同までを連続的に描いていますが，もしそうであれば他の霊長類の仲間においても手（前肢）が移動とは独立した機能を獲得し，道具の製作と使用が可能であるという事実をどう考えればよいか立ち往生します。そこで，トマセロは個人的な営為を集団的な営為に発展させる装置として，他者の意図理解を挿入したのです。トマセロはエンゲルスを引用していませんが，現在の人間が有している言語や知性，技術などを予めすべて可能にするような脳の発達が先行したわけではないという発想はどこか歴史的なつながりを想像させます。

　次に，もう少し本書に直接関わる経緯を見ていきます。トマセロはもともと言語発達の研究者であり，1992年に出版された"First Verbs"では，娘のTravisを対象とした日誌的研究がまとめられています。この本は当初欧米の研究者の間ではあまり注目されなかったようですが，今日では言語発達研究者の必読書になっているそうです（岩立，2008）。Travisの研究では，動詞の島仮説（verb island hypothesis）とよばれる独自の文法獲得理論が提示されました。動詞の島仮説とは，言語発達初期の動詞はその子どもの具体的経験から生みだされた固有のルールに基づいて獲得されるというものです。動詞は普遍的なルールに従うのではなく，まるで点在する島のようなかたちで獲得されるということでその名が冠されたわけです。

この仮説はあたりまえのように聞こえるかもしれませんが，言語習得理論の歴史からすれば極めて野心的な主張を含んでいました。言語習得に関する現代的理論は，1950年代の後半にスキナー（Skinner, B. F.）がオペラント条件づけの原理によって説明しようとしたのがはじまりだと言われています（トマセロ，2008）。子どもは刺激と反応の連合によって言語を学習するという主張です。これに対し，1960年前後からチョムスキー（Chomsky, N.）は，条件づけ理論では現実に子どもが直面する刺激の貧困（poverty of stimulus）と文法習得についての関係を説明できないとして批判しました。すなわち，大人は通常不完全な文法によって話すことが多く，条件づけが成立するための正確な刺激の絶対量が不足しています。にもかかわらず，どの文化でも子どもはおおよそ5，6歳で基本的な文法を習得してしまうのです。そこでチョムスキーは，子どもには生まれつき頭の中にある種の文法が備わっているのだという大胆な仮説を考えました。ある種の文法というのは，日本語など特定の言語に関する文法ではなく，あらゆる言語に通用する抽象的原理を持つ普遍文法（universal grammar）です。チョムスキーの言語習得理論は，習得された文法から無限の文が生成される点を強調するため，生成文法理論とよばれています。その後も言語習得については生得論が優勢を占め（ピンカー，1995等），ヒトの子どもには生まれつき言語獲得装置（language acquisition device）が備わっているという考えは揺るがしがたい事実であるように見えました。もちろん，言語発達に関わる養育者の役割を強調した論者もいましたが（この本の第8章のブルーナーはその筆頭です），それでも生得的な言語獲得装置の存在を疑う研究者は多くなかったものと思われます。

これに対し，トマセロは真っ向から反対を表明したのです。それは，これほど複雑で抽象的な言語（記号）や文法そのものを生みだすような生物進化的な変化が起こったと考えるには，「時間不足」であるという彼独特の問いからの批判でした。トマセロは，この時間的問題を解決するには，複雑で巨大な装置を生得的に埋め込むような理論ではなく，最小限の生物学的変化が大きな適応的差異（言語を含む）を生み出したと考えることのできるロジックを組む必要があると考えたのです。それが，他者の意図理解という特殊な社会的認知の形式です。トマセロが動詞の島仮説を強調したのも，普遍文法のようなグローバ

ル・ルールからトップダウンで語彙や文法が習得されるのではなく，ヒトの子どもはごく限られた生物進化的所産としての他者の意図理解を使って，初期段階では具体的な経験から固有のルールを発見し，実際の言語使用経験に伴ってより精緻な言語構造を創発するというアイディアの種を持っていたからだと思われます。より最近になって，トマセロ（2008）は自身の言語習得理論を用法基盤理論（usage-based theory）としてまとめています[注4]。

こうしたトマセロのもともとの問題意識と，比較認知科学という新しいアプローチが結合するかたちで成立したのが本書だと言えるでしょう[注5]。

Creativity　なにが新しいのか

本書は非常に広範な知識と実証研究に裏打ちされており，切り込む角度によって多様な独創性を汲み取ることができます。トマセロの関心は言語習得の問題から発展しているので，本書でも語彙や文法規則の習得に関わる詳細な議論を展開しているのですが，ここでは次の2点に注目して本書の独創性を指摘します[注6]。

①ヒトの独自性は「巨大な知性」ではなく，「巨人の肩に乗る知性」である。
②意図を理解する能力が，結果として客体的な自己意識の発生をもたらした。

①から説明します。しばしば，他の動物種と比べてヒトの知性がいかに優れているかが強調されます。ヒトは言語や数学から芸術や社会制度まで広範な創造物を生み出したので，ヒトの創造性は動物のなかで群を抜いているという考えです。これに対し，トマセロによれば多くの動物種にとって困難なのは創造性ではなく，むしろ獲得した認知的資源の歯車を戻さないことの方だというのです。いわば，ヒトの独自性は創造性ではなく，模倣や反復にあると言ってよいでしょう。

ヒトの子どもは他者の意図を理解することによって，他者を「通して」学び，他者の獲得物を取り込んで発達します。こうして後の世代は常に前の世代を踏み台のようにして，進んでいくことになります。コミュニティが存続するかぎり，原理的に考えてこのプロセスは後戻りをしません。このような後戻りしな

い作用を，トマセロはラチェット効果（ratchet effect）とよんでいます。ラチェットとは，歯車が戻らないように固定する装置のことです。ヒトはチンパンジーに比べて生物学的にはごくわずかな進化を遂げたにすぎないのですが，他者の意図理解という鍵を手に入れたことにより，後戻りしない累進的な文化進化（cumulative cultural evolution）という，他の動物種とはまったく異なる進化の経路を手に入れたわけです。つまり，ヒトをヒトたらしめているのは，脳に閉じ込められた「巨大な知性」ではなく，先行世代という「巨人の肩」に乗るための知性であり，その帰結としての社会・歴史的な蓄積（＝文化進化）なのです。

　次に②について。まず，ヒトの子どもが他者の意図理解を獲得するしくみに関するトマセロのロジックを確認しておきましょう。トマセロは，ヒトの乳幼児とチンパンジーとの膨大な比較研究を総括して，ヒトに特徴的な心的機制は他者への同一化（identification）にあると結論づけました。図7-1 に従って説明します。発達のある局面において，子どもは個人的な感覚運動的活動から手段－目的関係を分化させ，自己の意図性に気づくようになります。チンパンジーにもこうした意図的行為は可能で，それゆえに目的に合わせた道具の製作と使用ができると考えられます。しかし，ヒトにおいては，別ルートで他者への同一化が機能するため，子どもは自己の能動性の新しい枠組み（つまり，意図性）を個人内にとどめず，他者に対しても適用していくというのです。その結果，他者も自分と同じような意図的行為主体（intentional agent）であると認識するに至るというわけです。

　他者の意図理解が重要なのは，子どもが他者との間で共通認識をつくりだす基盤装置である共同注意（joint attention）を成立させるからです。生後9か月ごろから，ヒト乳児は他者の注意をモニターするようになり，環境世界のさまざまな対象について，他者を「通して」認識しはじめます。例えば，散歩先で出会ったハトを父親が指さして「ポッポだね」と言ったとします。すると，乳児はまず父親を見るかもしれません。そして，父親の視線や指さしの先を見て，「ポッポ」を認識します。このやりとりのなかで，乳児は父親の伝達意図を理解しています。乳児は孤独にハトという実在を見ているだけでなく，父親との間で「ポッポ」という共同注意の対象を成立させるのです。共同注意の構造

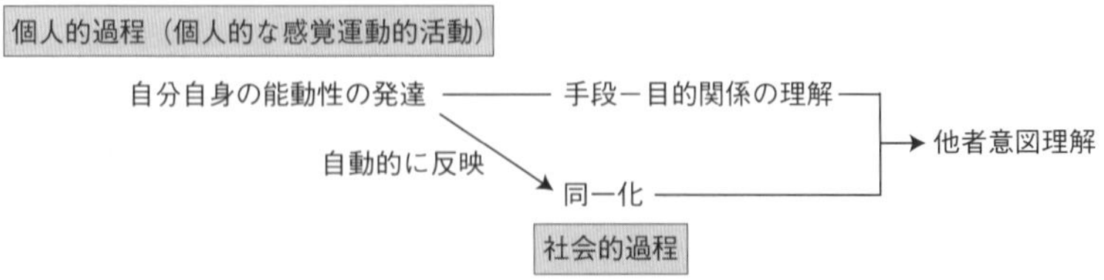

76 7 サルが人間になるについての「意図理解」の役割

```
┌─────────────────────────────────────┐
│ 個人的過程（個人的な感覚運動的活動）      │
└─────────────────────────────────────┘
    自分自身の能動性の発達 ───── 手段－目的関係の理解 ┐
                                                      ├─→ 他者意図理解
        自動的に反映    ↘                             │
                         同一化 ──────────────────────┘
                    ┌──────────┐
                    │ 社会的過程 │
                    └──────────┘
```

図7-1　トマセロによる他者の意図理解発達のモデル（川田，2009より）

は，ヒトにおける言語発達の認知的基盤となる点で注目されるのですが，トマセロはさらに自己（概念的自己）の発生についても言及していくのです。

　乳児が他者の注意をモニターできるようになると，あるとき他者の注意のなかに特殊な対象が登場します。すなわち，「自己」です。トマセロは，従来の研究が共同注意場面のなかに子ども自身が含まれてくるという事実を見逃してきたと言います。これまで自己に関する客観的認識（概念的自己や客体的自己とよばれるもの）は，自己鏡映像認知を重要な根拠として，生後2年目後半以降に発生するというのが通説でした（自己鏡映像認知についての詳細はこの本の第12章を参照）。しかし，トマセロはその段階以前に，概念的自己が成立する条件が原理的に共同注意のなかにあることについて明確な説明を与えたのです^{注7)}。

　ヒトは他者の注意や意図に対する特別な感受性を獲得したことによって，乳児期後期という極めて早期の段階で客観的な視座から自己を認識しはじめてしまうという帰結を招きました。トマセロの論法にならうならば，ヒトは自己意識そのものを備えるような生物学的進化を遂げたというよりも，同一化から意図理解へとつながるような最小限の生物学的変化がもたらす多様な副産物の1つとして，自己意識を発生させてしまったということになるでしょう。それにしても，これは大きすぎる副産物かもしれません。

Direction　なにに使えるのか

　私たちは本書からなにを学び，次につなげていくことができるでしょうか。本書には，後続の実証研究を刺激する具体的なアイディアが散りばめられてい

M.トマセロ『心とことばの起源を探る：文化と認知』　77

るのですが，ここではあえてトマセロの問いの立て方に着目してみたいと思います。

　ヒトと他の動物を比較しようとするとき，両者の進化的な“溝”を強調する立場もあれば連続性を強調する立場もあります。トマセロはいずれの立場に近いのでしょうか。本書を一読すると，トマセロの指摘はヒトの特殊性を際立たせているようにも思えます。たしかに，差異を検出する作業は科学の基本的な方法的態度の1つですので，結局のところはヒトに固有のなにかが浮かび上がってくることにはなります。しかし，それは結果の問題であり，トマセロにとってそもそもの問いではないように見えます。トマセロにとって本質的に重要だったのは，巨大な知性や自己意識を，ヒトの個体としての生物学的ないし脳科学的な説明のなかに詰め込もうとする常識的な態度や通説では説明できない，「時間不足」の問題だったのです。

　実証的に説明できない「謎」が現れると，私たちはついそれを生得性という魔法の壺に投げ込みたくなります。そして，それでなにかを説明したような気分になってしまうのです。もちろん，生物である以上，私たちヒトにもデフォルトで仕組まれている設計図があることに異論はないでしょう。しかし，それは設計図であり，現実に現れた構造物とは違います。建物を建てるならば，まず図面を引き，その設計図に従って建築するという時間配列で作業することが可能です。しかし，ヒトの進化や歴史ではそうはいきません。私たちはすでに言語や自己意識というものを持っている段階から，設計図を探して時計を逆に戻し，架空の設計図から順行的に進化・歴史を再構成するような作業をしているのです。20万年前や600万年前の祖先を生きたまま直接研究できない以上，私たちは限られた情報から推論を重ねていかなければなりません。これはある種の考古学に通じる方法論です[注8]。

　かつて，チョムスキーが普遍文法という考え方を提出したとき，多くの研究者は魔法の壺を得たと考えたかもしれません。しかし，いったん生得論に傾いた研究は，抽象的な概念から脳の説明へ，さらに機能局在からモジュール性へと際限のない細分化と個体内部化（心的機能の説明を個体の内的過程に閉じ込めること）に進んでしまうリスクがあります。これに対し，トマセロは「謎」の問い方を変えることで，生得論の隘路を抜け出す光明を見出しました。トマ

セロは,「なぜ他の動物と比べて, 人間だけが言語を使用するようになったのか?」ではなく,「なぜ, ヒトとチンパンジーはこんなにも近い種なのに, これほどの適応上の差異が生まれているのか?」と問うたのです。そして,「生物進化的にわずかな時間の間に言語そのものの完成形を生みだす遺伝形質が発生したとは考えられない」「言語は生物進化の産物ではなく, 歴史文化的な産物ではないか」「歴史文化的に言語を生みだすことになった, チンパンジーとの最小限の生物学的差異とはなにか?」と問い進めたのです。そのことにより, 言語や文法の発達を, 条件づけ理論でも, 生得論でもない仕方で説明する道を拓きました。

　また, 本書におけるトマセロの問題意識は, 心理・行動的傾向の地域間差を主題にする文化心理学とも, 現在のヒトの心理・行動傾向を自然選択(自然淘汰)と適応の原理で説明しようとする進化心理学とも異なるスタンスです。トマセロの文化に対するアプローチは, 文化差そのものではなく文化の伝達・継承のメカニズムに注目したものです(板倉, 2008)。そのことは, 過去の適応ではなく, 現在の適応状態の違いを生みだしたメカニズムへの関心でもあり, これは通常の進化的観点とは違う説明を生みだしています。つまり, おおよそ600万年前から現在に至るどこかの時点でヒトにおいて生じた「同一化」や「意図理解」という変化が, 生物進化の枠組みをはみだす文化進化という新しい経路を開いたことにより, ヒト社会に認知的資源の戻らない歯車を与えたということです。もし, ヒトに言語や自己意識そのものを生みだすような進化が生じたのであれば, そこに明瞭な適応価を認めることができるでしょうが, トマセロの考えでは実際にはもっと小さな変化しか起こらなかったということかもしれません。ちょっといたずらをしてみたら, 神様にも思わぬ展開が生じてしまった, ということでしょうか。

　本書は,「小さな結果」は「小さな原因(種)」により,「大きな結果」は「大きな原因(種)」によるという, 私たちが陥りがちな思考バイアスを乗り越えるための処方箋を提供してくれているように思われます。研究を進めるにあたって,「なにをどう研究するか」の前に「なにをどう問うか」を吟味したいものです。

注

注1）コンピュータで制御された環境で生活することと，森の中で暮らすことが「大きな違い」かどうかは別途議論すべきかもしれませんが，ここではトマセロに従っておきましょう。

注2）なお，今日の霊長類学では，ヒトを他の動物種に対して特権的な存在者と見なす考え方は否定されつつあります。実際に，生物学的な分類でもヒト科には私たちヒト属のほか，パン（チンパンジー）属，ゴリラ属，オランウータン属が含まれ，法令上も明記されています（松沢, 2010）。

注3）システム論については，前書（夏堀・加藤，2007）第4章のベイトソンに関する論考を参照。

注4）言語習得理論の動向については，小林（2008）のまとめが参考になります。

注5）本書がアメリカ心理学会の由緒ある学術賞である，William James Book Award を授与されたことは，その理論の独創性と説得力が社会的に認知されたことの証と言えるでしょう。

注6）言語発達に関心がある人は，直接本書をあたっていただくとともに，より近著の『ことばをつくる』（2008）および "Origins of human communication"（2008, MIT Press）を参照。

注7）このあたりのより詳細な説明は，川田（2009, 2010）を参照。

注8）近年，化石や石器，道具，住居などの発掘物から，太古を生きた祖先の心の世界を明らかにしようとする分野が発展し，認知考古学とよばれています。

文　献

エンゲルス, F.　1965　猿が人間になるについての労働の役割．大月書店編集部（編）猿が人間になるについての労働の役割　他10篇．大月書店．Pp.7-25.

板倉昭二　2008　生物学的側面と文化的側面の統合：トマセロらのアプローチ．田島信元（編）文化心理学．朝倉書店．Pp.131-147.

岩立志津夫　2008　文法の獲得〈1〉動詞を中心に．小林春美・佐々木正人（編）新・子どもたちの言語獲得．大修館書店．Pp.119-140.

川田 学　2009　乳児期における自他関係発達の諸問題：Tomasello と Meltzoff の理論に関する批判的検討を通して．心理科学．30. 72-85.

川田 学　2010　ことばの生まれる前夜に：共有関係のなりたちとその発達的意味．発達．121. 18-25.

小林春美　2008　言語獲得理論の動き：生得性をめぐって．小林春美・佐々木正人（編）新・子どもたちの言語獲得．大修館書店．Pp.3-45.

松沢哲郎（編）　2010　人間とは何か．岩波書店．

明和政子　2006　心が芽ばえるとき：コミュニケーションの誕生と進化．NTT 出版．

夏堀 睦・加藤弘通　2007　卒論・修論をはじめるための心理学理論ガイドブック．ナカニシヤ出版．

ピンカー, S.　椋田直子（訳）　1995　言語を生みだす本能　上・下．日本放送出版協会．

トマセロ, M.　辻 幸夫・野村益寛・出原健一・鍋島弘治朗・森吉直子（訳）　2008　ことばをつくる：言語習得の認知言語学的アプローチ．慶應義塾大学出版会．

（川田 学）

8 ■ 教育という営みによって我々はなにを目指すのか

J. S. ブルーナー『教育という文化』

岡本夏木・池上貴美子・岡村桂子訳，岩波書店，2004 年

〈関連分野〉
学習，学校教育，文化的実践

Abstract　なにが書かれているのか

　これは，ある大学の教育心理学の授業で，日本の教育の現状と今後について
どのように思うか大学生（1 〜 4 年生）に質問して得られた回答です。

　今の日本の教育は学力のある子とない子の二極化を作り出してしまってい
るように思う。多額のお金をかけて英才教育をする私学があるかと思えば，
公立中には小学校の計算ができない子たちもいる。大切なのは「おちこぼ
れ」をつくらないことではないか。日本の教育全体が底上げを図る方向で
進んでいってほしい。

　生徒 40 人に対して 1 人の先生では勉強面においても生活面においても先
生に負担がかかりすぎる。先生が生徒 1 人 1 人とじっくり向き合う余裕が
ない。これからは先生の数を増やし，少人数学級制を取り入れていくこと
が必要だと思う。

　現在「ゆとり教育の方向転換をし，学習内容の量を増やしていこう」とい
う動きがある。その一方で貧困家庭が増加しており，それに伴って地域に
よって生徒の学力差が広がってきているという現状がある。一律に学習内
容を増やすだけでなく，もっと個に応じた，地域に応じたケアが必要だと

思う。

　これらの回答を書いたのは，教職課程の教育心理学の授業をとっている学生ですので，多少は教育というものに興味や関心がある人たちです。そうだとしても，教育学の専門家でもない学生がこれほどの意見を述べられることに驚きます。

　実は，私たちは特別な勉強をしていなくても“教育”に関してはその人なりの意見をそれぞれに持っています。上にあげた学生の回答のようにそうした意見をはっきりと自覚し，文章という形で表現することは難しくても，例えば「マンガだけじゃなくて物語の本も読んでほしい」という子どもへの願いであったり，教師がなにか事件を起こした場合に「先生がそんなことをするなんて」と批判するといったように，具体的な場面や出来事に対してであれば，誰でも自分なりの考えを述べることができるのではないでしょうか。こうした一般の人々が持っている教育に関する素朴な意見をブルーナー（Bruner, J. S.）はフォークペダゴジー（folk-pedagogy，民衆教育学）とよびました。

　現代の日本では小学校・中学校は義務教育になっていますから，学校教育を経験しない人はほとんどいません。また“教育”ということばを“幼い人に教えること”というように広く捉えれば，どんな人も必ず親をはじめとする身近な大人に育てられて大きくなるわけですから，例外なくすべての人が教育を経験すると言えます。フォークペダゴジーは，そのような身近な人を教える・教えられる経験から生まれます。

　教える・教えられるやりとりのなかで人々はさまざまな道具を使い，さまざまな感情を抱きます。5～6歳の子どもに包丁を使わせる場面を例に考えてみましょう。ある人は幼児が刃物を扱うなんて危険だと思うでしょう。その人は，刃物を上手に扱うためには高度な手指の操作技術が必要で，それは幼児にはまだ備わっていないのだから，もっとしっかり手指が動かせるようになってから刃物を持たせるべきだと考えているかも知れません。またある人は，幼児は1人ではまだできないけれど，大人がそばについて一緒にやれば十分に刃物を扱うことができるし，むしろ“できないうちからやらせてみる”ことがその子どもの能力を引き出すのだと考えるかも知れません。またさらに，コンゴの

民族エフェでは 11 か月児でさえ刃物を扱うことは「普通」のことであり（ロゴフ，2006），そのような文化圏において 5 〜 6 歳にもなって刃物を満足に扱えないようでは，子どもに何らかの障害があるのではと疑われかねません。

　このような日常的な教育実践における大人と子どものふるまいのなかに，その文化においてどのような道具が必要とされているのか，子どもが身につけるべき基本的な技術とはなにか，どのような知識や技術を持つと成人と認められるのかといった事柄が表れているのです。つまり教育の場面をのぞくと文化が見えるといえます。

　このことからブルーナーは，教育は文化心理学のテストフレームであると考えました。ここでいう教育とは，包丁の使い方を子どもに教える例からもわかるように，学校教育に限られたものではありません。例えば図 8-1 では，お母さんが子どもに絵本の読み聞かせをしています。このお母さんは，幼い子どもに絵本の読み聞かせをすることは良いことだと思っています。これがフォークペダゴジーです。このフォークペダゴジーのなかには，幼い子どもは一般的に身近な大人と 1 対 1 でやり取りすることを好み，またこうしたやり取りのなかから子どもはさまざまなことを学ぶのだといった子どもへの見方が含まれます。

　こうしたフォークペダゴジーは，その文化が持つ教育制度や教育施策の影響を受けるでしょう。日本では，子どもは 7 歳になる年に小学校へ入学し，本格

図 8-1　フォークペダゴジーの例

的な学校教育へと参入します。絵本の読み聞かせは，就学前の子どもにとって文字の世界にふれる最初の機会であり，絵本読みの経験は子どもの想像力や思考力を伸ばすと考えられているため，各自治体やさまざまなメディアを通じて推奨されています。ブックスタート[1] の取り組みなどがその良い例です。さらになぜそのように早くから子どもを文字の世界にふれさせ，抽象的に考える力を伸ばそうとするのかと言えば，そうした思考力が学校で良い成績を取るために必要な能力だからです。小学校・中学校で良い成績を取った生徒はより高い教育を受ける機会が与えられ，そのように高い教育を受けたという履歴は，その人の能力の高さを証明するものと考えられているため，学校卒業後の社会においてもより高い地位や報酬が与えられる役割に就く機会を増やします。高い地位や報酬を得ている人は，安全な場所に住むことができ，医療保険などさまざまな福祉制度の恩恵を受けます。教育は，若者がその文化の持つ諸制度のなかに将来積極的に参加してゆくのを準備する役割を持っているのです。

またこうした諸制度は，その時々の文化的・社会的状況の影響を受けています。経済発展が伸び悩み，職というイスの数が減っている状況では，運良く高い教育を受けることができたごく少数の人にしか安定した地位は与えられません。それよりも低い教育しか受けられなかった人々は職に就くことすらできず，そうした人々の子どもたちは十分な教育を受ける機会がさらに減ってしまいます。こうした社会状況が，先の学生の回答にもあったように，かたや多額のお金をかけて英才教育を施し高い学力を身につける生徒がいる一方で，満足な教育環境が与えられず中学校に上がっても小学校レベルの計算ができない生徒がいるといった，学力の二極化を生み出していると考えられます（湯浅，2009）。そしてこのような社会状況に対応すべく，新たな教育施策が考えられ，実施され，そのなかで人々の子どもに対する見方が作られ，またそれらが日々の教育実践に反映されます。子どもはそうした社会的文脈のなかで学習するの

1）**ブックスタート**　1992 年に英国ではじまった活動。数冊の絵本を含むスタート・パックの提供や親子を対象とした絵本の読み聞かせなどがある。日本では 2001 年 4 月に 12 市町村が実施をはじめ，現在全国各地に広がっている。日本のブックスタートは主に各自治体の財源で行なわれ，実施に関わる機関は，図書館，保健センター，子育て支援センターなど自治体によって異なる。

です。

　このようにブルーナーは，日常的な教育実践のなかにその文化の特徴が反映されることから，その社会が教育を通して子どもにどのようなことを教えようと意図しているのかを考えることによって，その文化について知ることができると考えました。そして学習を個体内に閉じられたものとしてではなく，他者に，またさらに文化へと開かれた過程として描いたのです。

Background　どのように生まれたのか

　ブルーナーと言えば『教育の過程』(1986) という著書が有名です。ブルーナーを『教育の課程』の研究へと鼓舞したのは，当時の心理学において進行していた「認知革命」でした。「認知革命」とは 1950 年代の終わりから 1960 年代初頭にかけて起こった心理学研究法における革命的転換のことを指します。それまで心理学の分野では，動物の反応と条件づけを研究対象とする行動主義が主流となっていました。行動主義というとすぐにパブロフ (Pavlov, 1927) のイヌを使った古典的条件づけの例が思い浮かびます。イヌに初めてメトロノームの音を聞かせると，その方を向き，耳をそばだてます。その後えさが与えられるとイヌはえさを食べて唾液が分泌されます。しかしメトロノームの音刺激と食餌を反復すると，やがてえさがなくてもメトロノームの音を聞くだけでイヌは唾液分泌の反応をするようになります。つまり刺激と反応が結びついたわけです。

　行動主義は刺激と反応との結びつきだけを見て，その間にあるはずの心的過程はブラックボックスにして問題にしません。これに対して，人間の知的活動がいかなる思考プロセスを通じて生じるか，つまり反応が形成されるまでの心的過程をこそ問題にしようとしたのが「認知革命」であると言えます。ブルーナーはそのような「認知革命」を唱えた中心的存在です。彼の関心は，「知る」という精神内部の過程はいったいどのようなものなのか，そしてそれがいかに適切な教育によって助長されるのかということにあったのです。

　こうした心理学研究上の流れのいっぽうで，当時のアメリカは「冷戦」のさなかにありました。冷戦は，イデオロギー的・軍事的戦いであっただけでなく

J. S. ブルーナー『教育という文化』 　**85**

「科学技術上の」戦いでもあったとブルーナーは言います。終わりなき冷戦の
なかでアメリカの学校教育はソ連に対して自国の技術的優位を保ち続けさせら
れるのか。そうした不安から，子どもたちの理科と数学の学力を伸ばすことに
焦点を当てた教育改革が起こり，そのカリキュラムづくりに当時最新であった
ブルーナーたちによる認知心理学の原理が応用されました。

　さらに，この冷戦を背景にした教育改革が進行する途上で，アメリカはまた
新たな問題に突き当たりました。衝撃的な貧困と人種差別です。それらの犠牲
になった子どもたちの精神生活や成長が大幅に阻害されているという事実があ
らわになってきたのです。これらの子どもたちの IQ が低いのは，十分な成長
を保障する文化的資源に接する機会が奪われているためであると考えられま
した。そこで，こうした子どもたちを救うために，低所得者層の 3 〜 4 歳児を
対象とした就学援助プログラムであるヘッドスタートプロジェクトが組まれ，
ブルーナーはその指導者として活躍したのです。これらの経験が，ブルーナー
に，子どもの学校での学習の仕方に文化というものがいかに影響しているのか
を深く考えさせる契機になりました。

　また本書が書かれた時代は，さまざまな分野で「解釈」の重要性が主張され
はじめたときでもありました。ギアーツ（Geertz, C.）の解釈人類学をはじめと
して，哲学ではサール（Searle, J. R.）による志向性概念に関する研究，文学では
イーザー（Iser, W.）による読者論，言語学ではレイコフ・ジョンソン（Lakoff,
G. & Johnson, M.）によるメタファー論などがその例です。これらは，人間に
関する研究の中心テーマは「意味」であることを訴えました。また「意味」は
個人のなかに閉じられて在るのではなく，特定の文化・地域における他者との
やり取りのなかで生じるものであり，意味に関する研究も社会的文脈を考慮す
る形で行なわれるべきであると主張されました。

　しかし同じころコンピュータモデルが台頭してきました。コンピュータモデ
ルでは，人の心的活動を符号＝シンボルの操作として捉えます。そこでは，意
味の生成は，シンボルを並べる・比較する・組み合わせるといった情報処理過
程になぞらえられ，そのプロセス（計算可能性，コンピュータビリティー）こ
そが問題であるとされるため，意味内容そのものについては問われません。ブ
ルーナーはこのような心的過程の捉え方を強く批判します。

教育実践という具体的なやり取りの場面から文化について考え，また文化的・社会的文脈のなかで「知る」という個体の心的過程を捉えるブルーナーの視点はこのような背景から生まれました。

Creativity なにが新しいのか

私たちは一般的に「知識」をどのようなものとして捉えているでしょうか。言い換えれば，私たちは「知る」ということに関してどのようなフォークペダゴジーを持っているのでしょう。秋田（2000）は，私たちが持っている素朴な知識観について，教育学者フレイレ（Freire, P.）の銀行型教育という考え方を引用しながら，「貨幣的知識観」としてまとめています。「貨幣的知識観」とは，知識を個人の頭のなかに蓄えられる安定した実体として考えることです。生徒が金庫で教師が預金者，知識を貨幣というようにたとえてみるとわかりやすいでしょう。大人はより高い価値の貨幣（知識）をより多く，より効率よく所有することによって，子どもがより富むことを望みます。そこで想定される知識とは，学問領域で権威のある人たちが永年築いてきた産物としての知識です。この考えからは，より高い価値をもって評価されない事柄は余計なこと無駄なこととされ，子どもは自分を評価する者が求めるものにのみ焦点を当てて，それを効率よく吸収するという形の学習が生じます。またその知識が，今そのときの子どもにとって必要のないものであっても，いつかどこかで使えるものとして，とにかくより多くの知識を所有することが良いことであるとされます。預金残高の額が多いとうれしくなるのと一緒です。

このような貨幣的知識観は，子どもをとりまく学習環境のなかに蔓延しているように思われます。例えば，一問一答式問題集や，チェックペンと遮蔽板といった暗記便利グッズ，試験学力を上げるために徹底指導してくれる塾などがそうです。そこでは，学習内容がその子どもにとってどのような意味を持つのかは問題ではありません。誰か偉い人が正しいと言ったことを，いかに早く正確に覚えるか，それだけが重要なのです。

これに対してブルーナーは，なにかを知ろうとすること，すなわち科学的理解の本質とは「物語的発見」であると言います。私たちは誰しも，出来事を

J. S. ブルーナー『教育という文化』　**87**

「誰が，いつ，どこで，なにをした」というストーリーの形で認識します。物語〔ナラティヴ〕とは，ストーリーの形で捉えられた経験や事柄が持つ「意味」を解釈するための媒体です。例えば，友人の"冷ややか"な挨拶がなにを意味していたのかとか，子どもの2学期の成績が落ちたのはどういう意味かということを考える際にその根拠とされるのがナラティヴなのです。ナラティヴは日常的な経験の解釈に用いられるだけではありません。天動説が正しいのか地動説が正しいのか，さまざまな証拠をすりあわせたときに，どちらがよりつじつまがあっていると感じられ，納得いく説明になっていると思われるのか。その判断の根拠となっているのもナラティヴです。言い換えれば，科学を創造する過程は物語〔ナラティヴ〕だとも言えます。それは自然についての仮説を紡ぎ出し，それらを検証し，修正し，自分にとって筋の通ったものにすることから成ります。このことは科学者だけでなく，教室の生徒たちにとっても同じです。「わかった」という実感は，与えられた事柄を自らが持っている物語〔ナラティヴ〕において解釈できたときに得られます。そしてその物語〔ナラティヴ〕は，その人が生きる特定の文化・地域における他者とのやり取りのなかから生じたものなのです。

　だとすると，貨幣的知識観の下で行なわれる学習では，子どもが深く「わかる」という経験はほとんど得られないのではないかと思われます。だから子どもたちは「勉強はつまらない」と言うのでしょう。もちろん機械的な暗記が必要な場合もあります。しかしなにかを知ること，深くわかることは，暗記とは質の異なるものであり，それは本来的には楽しく興奮するような出来事なのです。

　秋田（2000）は，学校は貨幣的知識観からの転換を図ろうとしているかに見えるのに対し，学校外での学習環境は依然としてこの知識観による学習をうながしていることを指摘しています。これは，人々の持っている知に関するフォークペダゴジーが根強いことの表れかも知れません。その一方で，実はこのフォークペダゴジーとしての貨幣的知識観もナラティヴの一種にすぎません。人々が経験する「現実」はナラティヴによって構成され，構造化されています。そのナラティヴが変われば，つまり解釈の仕方が変われば「現実」も変わるのです。学習内容を理解できないということは，単にその子どもの学力が低いとか努力が足りないことを意味しているのではなく，その子どもが今持って

いる 物語 = 世界観では与えられた事柄を解釈できないということを意味しているのかもしれません。そのように考えれば，おのずと教師の対応も変わるでしょう。反復練習を強化することから，その子自身の生活背景を知ろうとすることへ。ナラティヴとしてのフォークペダゴジーも，制度としての教育も変えることができます。そしてそれらの変更は，新しい文化の創造へとつながっていきます。

　「知る」という人間の心的活動を意味の生成過程として捉え，その意味内容こそが重要であるとするブルーナーの視点は，まず学習者である子どもがその学習においてなにをどのように自分の物語として取り入れたのかという点から学習を評価することを可能にします。そしてそのような教育という営みを通して私たちはなにを目指そうとしているのか，私たちはどのような社会に生きたいと願っているのかを改めて考えさせてくれると言えるでしょう。

Direction　なにに使えるのか

　以上に述べてきたようなブルーナーの視点を私たちはどのように応用することができるでしょうか。

　2011 年度から全面的に施行される新学習指導要領の算数では，初めて「スパイラル指導」という言葉が使われました。スパイラルカリキュラムの概念は，もともとはブルーナーが提唱したもので，主題を教える際に，まず生徒の理解可能な範囲の"直観的"説明からはじめて，そこから螺旋的に進み，より形式化されてより高次の構造化された説明に至るという考え方のことです。例えばブルーナーは，シーソーで遊んでいる子どもは，「おもりの位置がてこの支点から遠ければ遠いほど，その力は強くなる」という，てこの操作に関するアルキメデスの原理を直観的に理解しているのだと言います。教育課程では，このように教えたい主題に関して，まずは生徒が直観的にわかっているレベル，完全に定着しているレベルからはじめ，それを学年が増すごとにより高次化していけるよう指導するわけです。

　しかし，中央教育審議会の答申において，算数科・数学科の改善の基本方針として「学年間や学校段階間で内容の一部を重複させて，発達や学年の段階に

応じた反復（スパイラル）による教育課程を編成できるようにする」と示されたことから，現場ではスパイラル指導を「同じ問題を何度も繰り返す反復練習」と捉える向きもあるようです（赤井，2008）。これはスパイラルカリキュラム概念の本来の意味からすると誤りでしょう。

　それに加え，スパイラルカリキュラムの概念は，「同じ内容を子どもの発達段階や学年に応じて指導方法を工夫して教えること」を示すにとどまりません。ブルーナーのよく知られた言葉に「レディネス[2]は生じるだけでなく，作られる」というものがあります。教師は，子どもがその問題を理解できるようになるまで待ってから教えるのではなく，現段階での子どもの直観的・実践的理解を深めることによってレディネスを育み，それを通じて子どもが次の段階の新しい問題へ挑戦していけるよう導くことができるのです。スパイラルカリキュラムの要点はこのことにあると言えます。

　また，私たちが自分の体験や知識を体制化する際にもっとも自然なやり方は物語（ナラティヴ）の形式をとることです。スパイラルカリキュラムは，当該の主題に関してその子どもが持っているナラティヴを発展させていくことを目的とした教育課程だとも言えます。解釈の仕方が異なれば，同じ主題であっても，子どもにとってその意味するところは異なります。教師の役割は，子どものなかに以前にはなかった新しい知識を入れることではなく，その事柄について子どもが今もっている物語を書き換えていくことだと言えるかも知れません。

　このように「知る」ことを意味の生成過程として捉えるブルーナーの視点は，「教える」ことの持つ意味をも捉えなおさせてくれると同時に教育課程を編成する際のヒントを与えてくれると言えます。

　ところで，教育は，いったい誰のためになんのためにあるのでしょう。当然，子どものためであるという答えが返ってきそうです。教えるという行為は必ずどこかで終了しなければなりません。なぜなら教え続けることは，すなわち相手が成長していないことを意味し，それはその教える行為が失敗していることを示しているからです。そのため教育過程では，必ず目標やねらいが設定され，教師は子どもがそれに達するように指導し，子どもは教育目標に照らし

2）**レディネス**　学習準備性。学習の成立にとって必要な個体の発達的素地や準備性のこと。

合わせてそれを達成したか，していないかという観点から評価されます。近藤（1994）は，カウンセラーと比較すると，教師は「目の前にいる子どもの心そのものとつきあう仕事ではなく，その子どもとは別個の文脈の中で設定された一定の『目標』に向かって子どもを動かし引っ張っていく仕事であり，それ故に『目標』に向かって思い通りには動かぬ子どもに苛立ちをつのらせ，いつのまにか『目標』だけが大きな存在感を帯びて，目の前にいる子どもの心や気持ちそのものの影が薄くなってしまう」と述べています。誤解を恐れずに言うなら，教育の主役は実は教師なのかも知れません。教師が，子どものためを想って一生懸命教えようとするほど，子どもになにかを得てほしいと真摯に願うほど，教育目標との関連から子どもを見るために，"子どもそのもの"は見えなくなってしまうのです。

　しかしながら，ブルーナーによる教育の捉え方は，教育が本質的に持っているこうした特徴をもっとポジティブなものとして私たちに提示してくれます。私たちが「目標」に向かって思い通りには動かぬ子どもに苛立ちをつのらせるのだとしたら，その「目標」の方こそ見直さなければならないのではないでしょうか。教育は文化のテストフレームです。私たちが子どもに教えることは，私たち自身がそうありたいと願うことであり，それはその文化が持っている人間像でもあるのです。例えば，学力が低下しているとして，私たちは，自分にとっての意味はないけれど，誰か偉い人が正しいと言ったことを正確に覚えていつでも答えられる人間になりたいのでしょうか。また，評価者が良しとすることにのみ焦点を当てて着実にそれを実行する人間を目指しているのでしょうか。教育実践をその文化の反映として見ることは，私たち大人の姿に光を当て，教育を相対化して捉えることにつながります。「どうしてこんなこともできないんだ」と子どもをなげく大人は，自分たち大人を，そして人間をどういう存在だと考えているのでしょうか。ブルーナーが提示する視点は，子どもも含めて私たちがどこへ向かっていきたいのかという観点から教育目標や教育内容，そして日々の教育実践を見直すきっかけを与えてくれると言えるでしょう。

文　献

赤井利行　2008　スパイラル指導に求めるもの．基幹学力の授業国語＆算数. 12. 4-5. 明治図書.

秋田喜代美　2000　子どもをはぐくむ授業づくり：知の創造へ．岩波書店.

ブルーナー, J. S.　鈴木祥蔵・佐藤三郎（訳）　1986　教育の過程．岩波書店.

近藤邦夫　1994　教師と子どもの関係づくり：学校の臨床心理学．東京大学出版会.

Pavlov, I. P.　1927　*Conditioned reflexes*. Translated by Anrep, G. V., Oxford University Press.

ロゴフ, B.　當眞千賀子（訳）　2006　文化的営みとしての発達：個人，世代，コミュニティ．新曜社.

湯浅　誠　2009　どんとこい，貧困！．理論社.

（常田美穂）

9 ■ 人間の幸せを科学する

M. チクセントミハイ『フロー体験　喜びの現象学』

今村浩明訳，世界思想社，1996 年

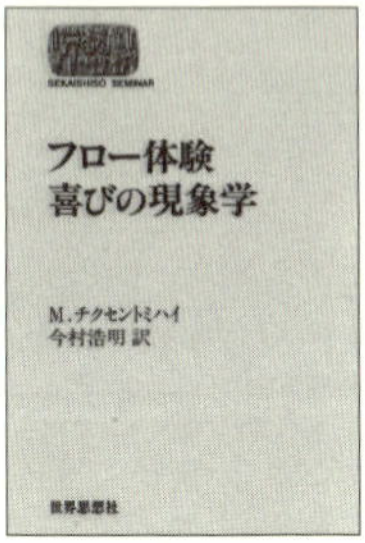

〈関連分野〉

キャリア発達，ポジティブサイコロジー，人間性心理学

Abstract　なにが書かれているのか

　「将来，自分がどうなっていたいのか」という質問をあなたは受けたことがありますか。この質問は，昨今のキャリア・ガイダンス等でよく聞かれます。明確な将来目標，将来の自分の姿を描くことが，就職活動を行なっていくうえで有効だと考えられているからです。これまで筆者が接した大学生や専門学校生のうち，あまり具体的に自分の将来を考えられない若者であっても，次のように答えるケースが多くありました。それは「幸せになりたい」「幸せでいたい」「楽しく暮らしたい」というものです。では，どうすれば「幸せ」で「楽しく」なれるのかを訊ねると，答えは返ってきません。

　心理学は心の学問だとされていますが，この「幸せ」「楽しさ」「喜び」といった心の問題と真正面から取り組んだ研究者はそれほど多くないのです。幸福や楽しみを研究の対象とするということは，心理学と占いを同一視している人が考えるような，他人が本当に「楽しんでいる」「喜んでいる」のかがわかるためのスキルを探すことではありません。もっと本質的に，「人間が幸福で楽しんでいる心的状態を成立させている条件」を明らかにすることです。

　チクセントミハイ（Csikszentmihalyi, M.）はこの幸福で楽しんでいる状態を，1968 年の授業のなかで学生たちが「大人の遊び」をテーマにインタビューを行ない，レポートを書くという作業のなかで「発見」した（チクセントミハイ，2010）と述べています。こうしたインタビュー調査を繰り返すなかで，

余暇でも仕事でも，どのような活動であれ，それをすること自体が報酬となる自己目的的（autotelic）活動に従事している人々は，共通した「没頭，没入」経験を語ることが見出されました。こうした自己目的的活動に没頭しているときに感じる包括的感覚であり，深い楽しさや喜びを伴う「最適経験（optimal experience）」を，チクセントミハイは「フロー（flow）」とよびました。人はなにかに恐れを感じる，脅威に曝されているといったネガティブな心理状態にあるとき，意識の秩序が無くなり混乱します。「最適経験＝フロー」とはこれとまったく反対の状態で，注意を自分の目標達成のために自由に投射できる状態を指します。フローを体験していると，意識に新しい秩序をつくる感覚，達成感覚を伴うという点で，「快楽」とは異なる「楽しさ」と直結しています。つまり，フローは自分がなんの努力も働きかけもすることなく得られるものではないのです。

　ここでは，こうした「最適経験＝フロー」を起こす活動がどのような領域であっても共通して見られる特徴をあげていきます。

　チクセントミハイは，「最適経験」に共通する構成要素は次の８つであると言います。

　①課題に達成の見通しがあること

　②集中

　③明瞭な目標

　④直接的なフィードバック

　⑤深いけれど無理のない没入状態での行為

　⑥自己統制感

　⑦行為中の自己意識の喪失とフロー後の自己感覚の強化

　⑧時間経過の感覚の変化

そしてフローが生じる条件として重要なことは，自分の挑戦する課題（チャレンジ）と自分の能力（スキル）が主観的に釣り合っていることだと説明します。人は，課題に対してまったく力不足であればやる気を喪失し，逆に課題が楽すぎるぐらいの能力を持っていれば倦怠を感じます。したがって，チャレンジとスキルのバランスが取れていることは，その活動に没頭できるための必須条件です。しかし，バランスが取れているかどうかは，あくまでその人の主観的な

判断なのです。このバランスからフローを説明する図式を使うと,「集中力」を養う取り組みが変わるのではないでしょうか。この図式に従えば,まずチャレンジとスキルのバランスについて,周囲が「あなたには難しい」「簡単過ぎる」といった判断をする前に,当人に「どのように自己評価しているのか」を聞き出すことからはじめなくてはなりません。そこから,スキルを高める方向に働きかけるのか,チャレンジのレベルを調整するのかといった対応を考えていくことになるでしょう。このように考えると「○歳児だから,○年生だから,この課題」という発想は柔軟性がなく,次善策を考える障害になっているように思われます。

　次に,フローを伴う活動には共通して,発見の感覚,人を新しい現実へと移行させる創造的感情があり,人の能力をより高い水準へと押し上げ,自己をより複雑なものにすることを伴うことも指摘されています。図9-1は,そのことを説明する図です。Aはテニスを練習している少年アレックスを表しています。アレックスが初めてテニスをするとき（A1),彼の目標はネットの向こうにボールを打つことでした。その難度は彼の未熟なスキルと合致しているので,彼はフローのなかにいます。練習が進むと,彼はボールをネットの向こうに打つだけのことに退屈しはじめます（A2)。あるいは,彼より練習を積んだ

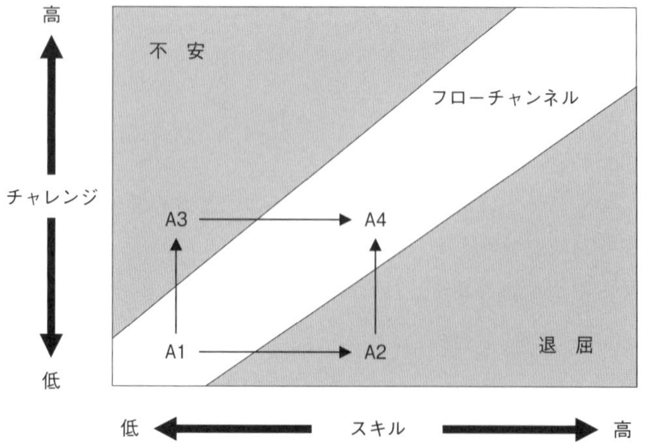

図9-1　フロー体験の結果,意識の複雑さが増大する理由
（チクセントミハイ,1996, p.95を一部変更して引用）

相手と出会い，自分の貧弱な技に不安を感じます（A3）。退屈と不安は望ましい状態ではないので，彼はそこから脱するよう動機づけられます。もし彼が退屈なら，フロー状態に戻るためにはチャレンジの水準を上げるしかすべがないのです。逆に，不安からフロー状態に戻るためにはスキルを高めることが必要になります。

　結果，A1とA4では同じフローであっても，A4のほうがチャレンジもスキルもより複雑で高度化したものとなるのです。

　このダイナミックな特性は，「人は同じことを同じ水準で長期間行なうことを楽しむことはできない」という人の特性に依っています。退屈か不安かを募らせた後，再び楽しもうとする欲望が能力を進展させるか，新たな挑戦の機会を見いだすよう自分を駆り立てるので，より複雑な自己へと変形していくことにフローが貢献するのです。

　さらに，チクセントミハイが本書の時点で特に強調していた共通点は，フローを経験する人の人格的特徴は「自己目的的な自己」を持つということでした。「自己目的的な自己」とは潜在的な脅威を楽しい挑戦へと変換し，ほとんどの人が目標を自己の外（生物学的欲求や社会的慣習）から形成するなかで，自己の内側から生じる目標を持ち，内的調和を維持する自己です。しかし，「自己の内側から生じる自己充足的な目標を持つ」ためには，次の3点が必要とされます。

　①自分の能力に対する認識が，その能力に適した特殊な目標を導きだすことを自覚していること。

　②自分の能力を発達させるためには，自分の行為の結果に注意を払う，つまりフィードバックへの不断の注意を払うこと。

　③自分が決定主体であるという感情は，より強力に目標に献身するよう働く。しかしその目標を維持する理由が意味を持たなくなった時には，目標はいつでも容易に修正できること。

　つまり，単なる「快楽」ではない，真の「楽しさ」を得るためには，自己の外側に振り回されるのではなく，逆に自己中心的に行為するのでもなく，主体的に柔軟にポジティブに物事に関わっていく姿勢が必要だということです。自

己目的的であるということは，決して自分の内側にだけ関心を持っていることを肯定しているものではありません。むしろ，自分の行為に対して，自分の外からのフィードバックの重要性を指摘するこの理論では，他者の反応によって「自分はうまくいっている」と感じることも最適経験をもたらす非常に重要な要素となっていると考えられます（夏堀，2005）。

Background どのように生まれたのか

　フロー理論の発端は，チクセントミハイ自身が1960年代に創造の過程についての研究を行なっていたときに，「絵の制作が順調に進んでいるときの画家は空腹や疲労，その他の不快感を無視して制作活動に没頭するが，いったん作品が完成すると，その制作活動についての興味を急速に失ってしまう」事実に驚いたことがきっかけであったと言います（チクセントミハイ・ナカムラ，2003）。つまり，できあがった作品やその活動から生じる外発的な利益に関係なく，自己目的的に行なわれる活動という現象を理解したいという欲求が，フロー理論あるいはフロー研究へと向かわせたということです。

　その後，1980年代になるとマスロー（Maslow, A.）やロジャース（Rogers, C.）の人間性心理学[1]や，内発的動機づけや興味についての実証的研究の一部としてフロー研究は心理学に取り込まれていきました（チクセントミハイ・ナカムラ，2003）。筆者はマスローとチクセントミハイの創造性理論を比較検討したなかで，非常に顕著なつながりがあることを指摘しました（夏堀，1999; 2005）。まず，マスローは「特別才能の創造性」と「自己実現の創造性」を区別し，特に後者の価値を強調します（マスロー，1972）。主婦の家事の仕方，ボランティア活動における組織づくりなど，ほとんどすべての人間に与えられている潜在可能性としての創造性を，「自己実現」という健康な人間が目指す最高価値で表します。次に，マスローは空想，直観，閃きなどの無意識から発する

1）**人間性心理学 humanistic psychology** 　人間主義心理学とも言う。人格を扱う心理学のなかで「科学性」を強調する心理学では扱いきれない，人間が生きていくうえで到達目標となる「価値」の問題を全面的に取りあげる。カール・ロジャース，アブラハム・マズロー，ヴィクトール・エミール・フランクル（Frankl, V. E.）などに代表される。

「一次的創造性」と，論理的，合理的，現実的な法則性と照らし合わせて作品の完成へと向かう意識レベルでの作業である「二次的創造性」を区別します。そして今度は前者の価値を強調し，それは「至高経験」（peak experience）と同じ意味で使用されます。「至高経験」とは自分を忘れるような経験で，感動，幸福，恍惚，有頂天な瞬間に体験する崇高な感情で，現在への全面的没頭状態にあるとされます（Maslow, 1958; マスロー , 1987）。

　個人の内部で経験され，宗教的，霊的感覚と強く結びついた「至高経験」を，環境となる「チャレンジ」と個人の「スキル」を組み合わせることによって，人間 – 環境の相互作用主義の見地から構成し直したのがチクセントミハイの「最適経験」であり，「フロー」なのです（チクセントミハイ・ナカムラ, 2003）。「至高経験」も「最適経験」も好きなことに我を忘れて没頭・没入する状態を指していて，それが人間にとって幸福や健康といったポジティブな価値が達成されている状態とする点で，両者の主張は一致しています。さらに言えば，マスローの「自己実現」とチクセントミハイの「自己目的的」という用語も，同様に現象としては同じなのではないかと筆者は考えています。

Creativity　どこが新しいのか

　普通人間の進化は，肺呼吸かエラ呼吸かのような身体内の遺伝子的レベルでの選択・淘汰か，民主主義か社会主義かといった身体外の文化的レベルでの選択・淘汰によって説明されます。しかし，チクセントミハイは第3の心理的なレベルでの選択・淘汰があると主張し，それがまさにフローなのだと言います（Csikszentmihalyi, 1985）。なぜならば，意識という心理的な領域では，注意の容量に限界があるために選択がなされます。日常生活のなかで人間は，意識が秩序を持った状態にあるように選択的に注意を配分します。そして，身体外のチャレンジと身体内のスキルのバランスが取れているときに生じるのが，究極に秩序が保たれている状態であるフローなのです。フローがポジティブな価値と関係しているのは，その心理的選択が，生物学的選択と文化的選択，その2つの選択が相互作用しバランスが取れたときに生じ，人間の進化＝創造に結びついているからだというのです。フロー理論の面白さの1つは，非常にシンプ

98 9 人間の幸せを科学する

ルな図式でありながら，こうした人間を説明する大きなパースペクティブと接合可能なところにあります。

　さらに，人間を活動に向かわせる力を考える方向として動機づけ研究がありますが，チクセントミハイのアプローチと決定的に異なるところがあります。それは動機づけ研究は基本的に因果図式によって，人間の行為を説明するということです。チクセントミハイは，個人と環境の相互作用のなかでフローを成立させる条件を探求します。したがって，特に原因となるもの（動機づけ）がなくても，自己目的的に活動に取り組み没頭・没入しているのがフローなのです。

　本書が書かれて以降，フローのモデルは修正が施されています（チクセントミハイ，2003; 2008; 2010）。1997年より図9-2のような8分図で，より詳細なバランスと組み合わせによってモデルが説明されています。各領域は，それぞれ隣の領域と同じ感情を1つずつ組み合わせることによってできています。例えばフローに接している「覚醒」の領域を見てみると，チャレンジがわずかに高くなっているため，精神集中はしているが，くつろいでいる状態ではありません。「フロー」の域に到達するためには，スキルをあげなければいけないことがわかります。同様に「コントロール」の領域では，スキルのほうがチャレン

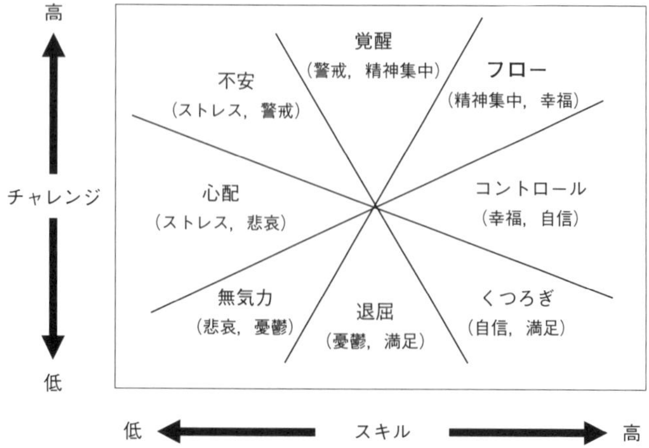

図 9-2　日常体験の図（チクセントミハイ，2008, p.90 より）

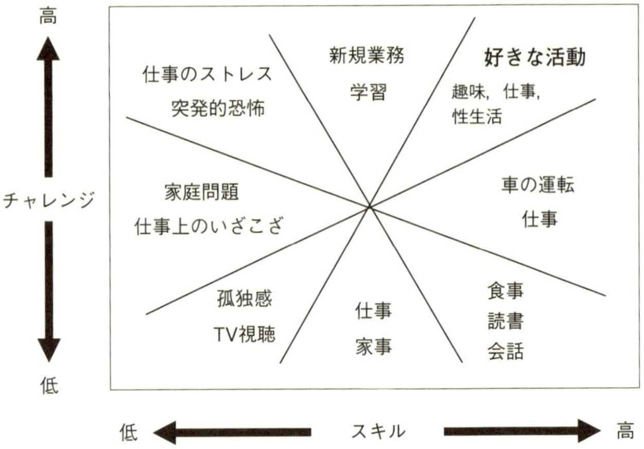

M. チクセントミハイ『フロー体験　喜びの現象学』　**99**

図9-3　体験の質と諸活動の関係（チクセントミハイ，2008，p.93 を一部変更して引用）

ジよりやや高いため，100％今持っている能力を働かさなくても事は成し遂げられます。しかし，その分，「フロー」よりも楽しめないのです。この領域からは，より高いチャレンジを選択することによって，「フロー」の域に到達することが可能となります。

　さらに，この８つのチャレンジとスキルの組み合わせと図9-2で示された感情は，図9-3のような典型的な活動に携わっているときに起こります。注目すべきなのは，スキルに対するチャレンジの比率によって，仕事はフローにもコントロールにも，退屈，心配，不安のどの領域にも該当するということです。仕事は確かに生きがい（「フロー」）にもストレス（「不安」）にもなるし，「退社時間まであと○時間」というような仕事の仕方をしている人にとっては「退屈」にもなるでしょう。そして，「今の仕事にも満足しているけど，もっと何か専門的なことをしたい」と資格取得に励む，よりステップアップするための転職を目指すといった人たちは，「コントロール」の領域にいるはずです。

　さらに，TV 視聴がフローと対極の活動であるというのも興味深い点です。おそらく，この TV 視聴はひたすら受動的に，放送されているものをただぼんやり見ていること（消極的なレジャー活動）を指しているのだと思います。仕事や学習のためなど，他の目的のためのメディア利用とは区別して考えるべき

でしょう。

　このように，時間経過とともに理論モデルが柔軟に変化し，その変化の可能性を含み込んだ理論の創り方は，ガードナーの多重知能理論とも共通しています（前書［夏堀・加藤，2007］第13章参照）。描画という具体的な活動から創造性研究に着手し，生物学的レベルと社会文化的レベルの相互作用を基盤としている研究者は，そのモデルが時間経過とともに進化していくことを前提に思索しているのだと思います。

Direction　なにに使えるのか

　フロー理論が「生物学的選択・淘汰－文化的選択・淘汰」という二項対立，簡単に言うと「遺伝か環境か」といった論争を超える視点を内包している，とチクセントミハイが考えていることは先に述べました。人間を説明するにあたり，この第三の選択・淘汰の視点である心理的選択・淘汰を持ち込むと，どのような効用があるのでしょうか。一言で言ってしまえば，それは「その後の選択肢が増えること」ということになるでしょう。

　例えば，「非常に不安が強くて大学生活が送れない」という新入生に対して，図9-2のようなチャートを媒介にコミュニケーションをとったとします。「不安」は高度なチャレンジに対してスキルが不足していることを表しています。不安を訴える人は，その対象が漠然としていてわからなかったり，「これが原因だ」と無理に原因探しをしたりするでしょう。不安は恐怖と異なり，特定の対象との結びつきを明確にするのは困難な心的状態だからです。そのようなときに，学生が直面しているチャレンジはなにか，それに必要なスキルはどのようなもので自分はどれくらいの到達度なのかということを考えていくと，「不安」から脱する方法が複数あることに気づきます。

　まず，チャレンジを下げるという方向性が考えられます。これまでの心理学では，個人の外側＝環境は変えられないことが前提で考えられてきましたが，心理的選択・淘汰では注意の仕方，つまり個人の認識の問題なのでチャレンジを下げることが可能になっています。

　チャレンジの内容も具体的に考えていけば，複数あげられるはずです。大学

に毎日通うこと，単位を取ること，大学で新しい友人関係を築くこと，自分の進んだ学部の専門性を身につけること，バイトと大学生活を両立させることなど，どれもチャレンジとして成立可能です。そのうち，その学生が下げることができるチャレンジを検討します。例えば，「4年間で卒業することをあきらめる」というチャレンジの下げ方が可能ならば，何曜日かは大学にいかなくて済むし，試験期間中の試験の数も減るので単位も取りやすくなるし，バイトと大学生活を両立させることもしやすくなるでしょう。「大学以外のサークルに在籍する」というチャレンジの下げ方をすれば，大学で無理をしてでも友人とうまくやらなければ，というプレッシャーを緩和することができると思います。

　次に，スキルを上げるという方向性でも検討してみましょう。「とにかく平日は大学図書館にいる時間をつくる」という策をとれば，毎日大学に通うこと，単位を取ること，専門性を身につけることにつなげる機会を学生が持つことになります。あるいは，「専門資格を取るために専門学校に行く」と資格を取るための学びと大学の専門課程での学びが協応して深い学びが可能になるかもしれません。

　このように，今の自分がネガティブな状態から脱したいと思ったときに，その方策を複数の選択肢から選べる，あるいは選択肢がたくさんあるのだと気づくだけでも，フロー理論の効用はあるでしょう。それだけでなく，ポジティブな状態，幸福や自信，満足を感じている状態でも，より自分を高めることも考えられるモデルなのです。図9-2で言えば，「覚醒」「コントロール」「くつろぎ」など，ある程度良好な状態であっても，なにかが過不足しているという漠然とした思いを人は持ちやすいのです。こういった人々は，病気・障害や不全を研究対象とするネガティブ・サイコロジーの守備範囲にはいません。

　おそらく今後，キャリア・カウンセリングや進路指導，就職支援など，「前向き」な結論を終着点とするようなコミュニケーションの場はますます増えていくでしょう。「シンプルであるがなににでも対応可能」なフロー理論は，そのようなコミュニケーションの場で実践性を発揮すると考えられます。

文　献

Csikszentmihalyi, M. & Massimini, F. 1985 On the psychological selection of Bio-Cultural information. *New Ideas in Psychology*. 3 (2). 115-138.

チクセントミハイ，M. 大森 弘（監訳）　2008　フロー体験とグッドビジネス：仕事と生きがい．世界思想社.

チクセントミハイ，M. 大森 弘（監訳）　2010　フロー体験入門：楽しみと創造の心理学. 世界思想社.

チクセントミハイ，M.・ナカムラ，J. 浅川希洋志・今村浩明（訳）　2003　フロー理論のこれまで．今村浩明・浅川希洋志（編）フロー理論の展開．世界思想社.

Maslow, A. H.　1958　Emotional blocks to creativity. *Journal of Individual Psychology*. XIV. 51-56.

マスロー，A. H. 佐藤三郎・佐藤全弘（訳）　1972　創造的人間—宗教・価値・至高体験. 誠信書房.

マスロー，A. H. 小口忠彦（訳）　1987　人間性の心理学．産能大学出版部.

夏堀 睦　1999　人間性心理学における創造性研究—A. H. Maslow と M. Csikszentmihalyi の創造性理論の検討—．教育科学研究（東京都立大学教育学研究室紀要）. 16. 47-58.

夏堀 睦　2005　創造性と学校—構築主義的アプローチによる言説分析．ナカニシヤ出版.

夏堀 睦・加藤弘通　2007　卒論・修論をはじめるための心理学理論ガイドブック．ナカニシヤ出版.

（山本 睦）

10 ■ いま目の前にある「あたりまえ」を見つめなおす

K. J. ガーゲン『社会構成主義の理論と実践』

永田素彦・深尾誠訳，ナカニシヤ出版，2004 年

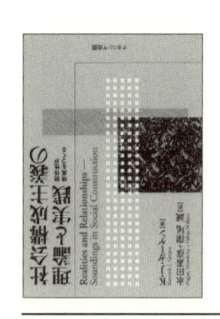

〈関連分野〉

自己，物語，構築主義

Abstract　なにが書かれているのか

　先日，ある大学三年生がゼミの時間に「私たち，もう若くないよね」と発言したところ，他の学生たちがうなずきながらも「最近の自分の身体がいかにしんどいか」「昔のように動けなくなったか」を具体的な経験として話しだしました。もちろん体力面での個人差はあるのですが，まだハタチを過ぎたばかりであっても「過去の自分」のほうが「現在の自分」より身体が動いたと感じている点で学生たちの意見が一致していました。そして，その「衰退の物語」は温泉や近所の立ち話で中高年のオバさま方の口から語られる物語と同じものでした。

　みなさんは人間の能力がピークを迎えるのはいつだと考えていますか。昨今「生涯発達」という言葉が言われますが，これは人間を死ぬまで発達し続ける存在とみなすことを表しています。上述したような身体の運動能力に関わることや脳細胞の数など，青年期をピークにあとは下降線をたどる能力は確かにあるのですが，経験によって培われるもの，例えば「おばあちゃんの知恵袋」に代表されるような問題解決能力や判断力は年齢を重ねてこそ発揮される能力であるとされます。こうした年齢を重ねるごとに磨かれる能力を重要視すると「生涯発達」という発達観が立ち上がってくるのです。

　もともとピアジェ（Piaget, J.）やヴィゴツキー（Vygotsky, L. S.）に代表される構成主義（constructivism）の発達観は，主体が環境と相互作用するなか

で意味が構成されていくというメカニズムなので，相互作用の機会が多くなればそれだけ個人のなかになにかが育まれる，つまり時間経過とともに発達していく「右肩上がり」の発達を想定しています。したがって，「生涯発達」の概念と非常に親和性が高いのです。「人間は死ぬまで発達し続ける」と考えることで，高齢者のマンパワーとしての可能性や「もう年だから…」という限界を置くことなくなんにでもチャレンジできる生き生きとした未来が開けてくるように思えます。これは「生涯発達」という言葉が，心理学において人が産まれてから死ぬまでをすべて発達研究の対象としたという単なる学問領域内での変化を引き起こしたのではないことを示しています。

　しかし，「生涯発達」という発達観を強調することの危険性を考えてみると，そこには政治的な意図が見え隠れしてきます。先進国では高齢化社会が到来し，それによる社会保障費の増大が問題となっています。日本も 2000 年から介護保険制度が施行され，介護の領域でも「自己決定」や「自己負担」という言葉が横行しました。「高齢となってもなんらかの能力は生涯発達し続けるのが人間なのだから，自分の能力の欠如に関しては社会に負担してもらうのではなく，自己が負担するべきである」というように，「生涯発達」という見方が「自己責任」論に加担した可能性はないのでしょうか。「発達」という言葉は，単なる変化を示しているのではありません。それは「（社会にとって）良き方向への変化」を表し，すでにある価値を含んでいる言葉です。その言葉を「生涯」につなげてしまえば，上述したような政治的利用の可能性が生じてしまいます。

　こうした危険性は，私たちが日ごろ特に深く考えずに使っているどのような概念にもあるでしょう。では，どうしたらよいのか。「生涯発達」という言葉を定義し，価値中立的なレベルで限定して使用するといった方策もあるでしょう。あるいは，研究領域を指す言葉として限定した別の言葉に置き換える可能性もあるでしょう。

　本書でガーゲン（Gergen, K. J.）が主張する社会構成主義（Social constructionism）[1] は，上述したような思考方法を採り，私たちが「あたりまえ」と思っている心理学の概念や理論を解体し，再構成していきます。再構成の対象は，「現実」「自己」「感情」「意味」「セラピー」といった構成概念や，こ

れまでの心理学が拠ってきた「科学的心理学」や「認知主義」「頭の中の知識」といった言説にまで及びます。ガーゲンの再構成は，心理学が対象としてきた「個人に属しているもの」「個人から派生するもの」とされるさまざまな構成概念が，ことごとく社会的産物であることを示していくなかで行なわれます。また，「個人」に焦点化し，人間の行為や現象の説明を「個人」の要因から試みてきた従来の心理学の「あたりまえ」を解体するために，関係性によって物事はすべて構築されているという「関係性理論」によって説明する方法を採ります。

　本書の第11章でガーゲンは，発達理論・発達研究を「関係性理論」によって行なうことの意義を次の3点にまとめています。第1に，個体発生の過程か環境の影響かといった「氏か育ちか」の観点から脱し，関係性を分析単位にすると，因果の概念を用いることなく，人間の発達を記述し説明することができるようになります。第2に，関係性理論のアプローチを採用すると，発達研究を個人とその家族や友人といった狭い社会性の領域ではなく，経済，政治，メディアといったより広範な社会性の領域へと拡張することができます。第3に，関係性理論に注目すると，専門家を自己反省へと導くことができます。先の「生涯発達」という概念が社会保障政策の転換に利用されるといったケースを考えてみても，1つの概念が発達心理学の領域での変化だけでなく，より広範な社会の領域に浸透することによって，本来研究者たちの間で意図されなかった概念の利用がその広がりとともに起こることはあるでしょう。そうであるならば，それは因果関係というよりは社会歴史的な経過のなかで生じたものとしての説明と，社会制度というより広範な社会性の領域に拡張して考えることが必要となり，そして研究者たちの反省へとつながっていくわけです。こうした心理学領域での解体と再構成の作業を，ガーゲンは本書で行なっています。

1) **社会構成主義**　「現実は社会的に構成させる」という広い定義のもと，社会学，言語学，心理学といった人文系の学問領域にわたる理論的なキーワード。Social constructionism は「社会的構築主義」とも訳される。筆者は，ピアジェ，ヴィゴツキーなどに代表される constructivism を「構成主義」と訳す伝統が心理学界にあることから，constructionism は「構築主義」と訳す立場を採っている。したがって，ここでは本書の内容を引用する場合には「社会構成主義」，本書に限らず広くこの立場を指す場合には「（社会的）構築主義」という用語を使用する。

Background　どのように生まれたのか

　上記のように既存の視点を「解体」する作業を伴う研究は，ポストモダン思想（ポストモダニズム）の影響を強く受けて生まれました。ポストモダン思想とは，モダニズム（近代主義）が確立してきた「あたりまえ」，特に自律し合理的な「主体」に関わる視点をことごとく批判し，近代の行き詰まりを乗りこえようとする立場です。ガーゲン（2001）は社会構成主義を「ポストモダン思想が心理学で展開したもの」と述べています。

　心理学の領域において，「主体」に関わる視点を批判すると，「自己」という根本的な概念の見直しになっていきます。なぜこのような作業が必要なのでしょうか。ヒントは，社会構成主義（社会的構築主義）を標榜する研究者の多くが社会心理学領域の研究者であることにあります。ガーゲンと同じく心理学の構築主義者として知られているバー（2005）は，1920 年代に北米の心理学が心理学領域で支配力を持つようになり，学問のアメリカ化が起こったことで，心理学という学問は個人主義的になり，人の背景にある文化や社会といったことに関心を払わなくなったと指摘しています。そしてバーの説明によれば，その結果生まれたのが「心理学的社会心理学」であり，その関心は個々人の行動や思考でした。社会的相互作用と意味を関心の焦点に置く「社会学的社会心理学」では，個々人の行動を社会的・歴史的文脈から切り離して研究することを否定していました。しかし，心理学が脱文脈化した個々人の説明を試みている以上，心理学の一領域である社会心理学の主流は「まず個人＝自己ありき」の心理学であって，人間を社会的に捉えるという社会心理学の本来の学問性とは異なるものとなっていたのです。

　こうした傾向に疑問を持つ研究者たちは，さまざまな心理学の近接領域から方法や思想を借りて批判を行ないます。ガーゲンの主張する「社会構成主義」も含めて，心理学の社会的構築主義の特徴は次の 4 つを明らかにする研究であると言われ，そのうち 1 つ以上に該当する研究はおおまかにこのカテゴリーに分類できると，バー（1997）は主張しています。

①自明の知識への批判的スタンス

　私たちにとって「あたりまえ」になっている慣習的知識に対して批判や懐疑

を向ける。

②歴史的および文化的特殊性

私たちが普段どのように世界を理解しているか，あるいは私たちが用いるカテゴリーや概念は歴史的・文化的に特殊である。つまり，私たちの日常生活は「この時代，この文化」のなかだけで「あたりまえ」なことの束から成っている。

③知識は社会過程によって支えられている

「あたりまえ」と考えられている知識や方法は，人々が相互協力して構築している。

④知識と社会的行為は相伴う

構築された知識は，それに合うような様式の行為を生みだす。そして，構築された知識はその特定の様式の行為を支持し，他の様式の行為を斥ける。

例えば，先の「生涯発達」という言葉をめぐる問題について考えてみましょう。まず，「生涯発達」って事実なのだろうか，その言葉は「老化を否定する」ということになるのだろうか，それは誰にとって得なのだろうか，など言葉が持つ内容を疑ってみることができた時点で①は達成です。次に，「生涯発達」という言葉がいつごろから強調されるようになったのか，特に日本で知名度を上げるようになったのはいつごろだろうかといったタイミングと経緯に注目してみましょう。その時点で②の視点が探求に取り入れられたことになります。さらに，人間を「生涯発達」する生き物であると，例えば心理学の領域で強調されると，その知識は社会福祉の領域でどのように活用され，教育の世界で何が起こり，社会政策としてどのような制度が整ったのか，関連諸領域までその影響を見渡してみましょう。そこでは，「20代前半がピーク，後は衰退の一途」という物語よりも，「生涯発達」という物語のほうがなんらかのメリットがあると主張する人々の連鎖が観られると思います。これで③は達成です。最後に，その連鎖が強固になればなるほど，「老いを理由にリタイア」など老化に伴う活動力の低下や機能不全をそのままにしておくことが非難され，何らかの手段を自らが採り，若さを維持することや活動力が復活することが賞賛される，つまり〈価値〉を持つようになっていきます（さまざまな情報メディアで流される健康食品，サプリメント，運動器具，美容関連商品の広告の内容と量の多さを

108   10　いま目の前にある「あたりまえ」を見つめなおす

思い出してください）。この非難と賞賛の傾向を明らかに示すと，それは④の視点を取り入れたことになるでしょう。

　このように，社会的構築主義の特徴をふまえて研究を行なっていくと，単に「社会心理学に社会の視点を取り戻す」だけでなく，科学を標榜する心理学がなかなか問うことができなかった〈価値〉の問題に踏み込むことができるようになります。本書のなかでガーゲンは，行動主義心理学[2] と認知心理学に基づく社会心理学の状況を「解体」し，知識や行為の個人主義的説明から関係性理論に基づく説明への転換を試みています。この作業を行なうことで，心理学的社会心理学が踏み込めなかった〈価値〉の問題も扱うことが可能となり，人間を説明するパラダイムを個人の内側から外側へと転換された，新しい社会心理学が構築されていくのです。

Creativity　なにが新しいのか

　ガーゲン（2001）は，社会構成主義がもたらす成果として次の3点が期待されると言います。

　①技術的進歩

　心理学が「〈価値〉の問題を扱わない学問」から脱却するためには，これまでの〈正しさ〉の証明方法では事足りません。〈価値〉を扱えるような新たな記述や説明の方法論が必要になります。この具体例については後述します。

　②文化批判

　先ほど私たちが普段どのように世界を理解しているか，あるいは私たちが用いるカテゴリーや概念は歴史的・文化的に特殊であると述べました。その自覚がない普段の状態では，文化を理解する用語，例えば心理学にとっての構成概念は，それ自体が世界そのものであるかのようになり，その結果文化は他の選択肢や潜在力が締め出される危険に常にさらされることになります。心理学に求められることは，私たちが無自覚に使用しているカテゴリーや概念の社会

━━━━━━━━━━━━━━━━━━
2) 行動主義心理学　ワトソン（Watson, J.）により 1913 年に提唱された理論的立場。心理学は他人が客観的に観察可能な行動にのみ関心を寄せるべきであるとして，人間を S（刺激）-R（反応）という因果図式で説明する。

的・歴史的土壌を明らかにすることになります。

　例えば，現在の日本では「男女平等，男女差別をしない」という価値や教育目標は非常に受け入れられやすいと思われます。しかし，過去においては必ずしもそうであったとは言えませんし，今でも感情レベルで同意しない人はいるでしょう。個人レベルでの〈価値〉のあるなしは別にして，次のような事例を考えてみましょう。日本のフェミニストが韓国の女性研究者に「韓国では結婚しても姓が変わらなくて羨ましい，男女平等が徹底している」と言ったところ，韓国で結婚による改姓がないのは「嫁はその家の人間ではない」という女性蔑視の表れだと聞かされたという話があります。つまり文化が持つ歴史的経緯の違いによって，「夫婦別姓」という現象は必ずしも「男女平等」という言葉が持つ〈価値〉と結びつくとは限らないのです。こうしたことに配慮して，フェミニズム教育は行なわれているでしょうか。

　以上のように構築主義の立場で研究すると，心理学でも〈価値〉の問題に踏み込んでいき，生活実践に反省的に介入することが可能となるのです。

③新しい世界（観）あるいは言語の構築

　今まで「あたりまえ」だと思われていた事柄を「解体」するだけで，「なんでもあり」にしてしまう，というのが構築主義に向けられてきた批判でした。しかし，ガーゲンはそのような批判を乗りこえることに自覚的であると思われます。本書のなかでも，「社会構成主義は，破壊的なものとしてではなく，転換への力として機能すべきである」（p.120）ことを強調しています。

　つまり「解体」の作業は，私たちが気づいてこなかったこれまでの建物の問題点を明らかにし，もう一度建築し直すためのプロセスの１つでしかないのです。再構成の強調は，これまでどうしても「解体」作業の派手さに目を奪われていて，その後何を建てたのかに目を向けてこなかった一部のポストモダン思想への批判であり，読者への警鐘でもあるでしょう。

　さて，ここで①の技術的進歩の具体例の話に戻ります。ガーゲンは心理学における「主体」，つまり「自己」を解体するなかで，「自己についての語り」に着目します。そのなかで，どのような語りもすでに社会に存在する「語りの形式」のどれかを踏襲するしかないことを明らかにします。つまり，「自己の解体」を行なうために，「語りの形式」という分析単位（図10-1，表10-1）を設

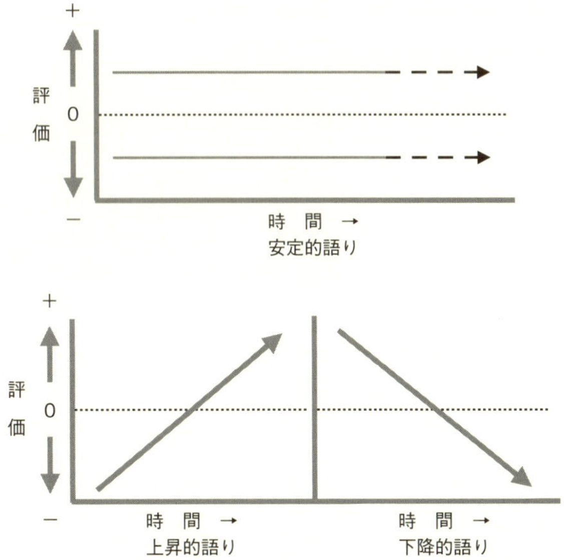

110   10　いま目の前にある「あたりまえ」を見つめなおす

図 10-1　語りの基本形式 （p.263 より）

定し，物語論の方法によって分析をしていくのです。

　図 10-1 は，語りの３つの基本的形式を表しています。第１は安定的語りと
よばれる形式で，ゴールや結果への軌跡が基本的に不変であるように事象を結
びつける語りです。これは，今後も継続して同じ状態にあることを含意してい
ます。次の２つは，評価軸上の推移が時間経過とともに上昇するように諸事象
を結びつける上昇的語りと，下降するように結びつける下降的語りです。別の
論文でガーゲンは，ピアジェの理論は加齢とともにシェマが高度に作りかえら
れていくので上昇的語りであり，フロイト（Freud, S.）のトラウマに関する理
論は加齢とともに後に心の病として現れるリスクが減じていくので下降的語り
であると述べています（Gergen & Gergen, 1986）。

　この基本的語りだけでは，実際には「自己についての語り」は成立しませ
ん。人が自分の人生を語るときには，必ず上がったり下がったりする傾斜（ナ
ラティブスロープ）が必要となってきます。表 10-1 は，現代における主要な語
りの形式が３つの基本形式の組み合わせから成っていることをガーゲンが指摘

K. J. ガーゲン『社会構成主義の理論と実践』　　111

表 10-1　代表的な語りの形式

語りの形式	基本形式の組み合わせと順序
悲劇的語り	上昇的語り→下降的語り
コメディ - ロマンス語り	上昇的語り→下降的語り→上昇的語り
永遠の幸せ神話	上昇的語り→安定的語り
英雄物語	上昇的語り→下降的語り→上昇的語り…

したものです。このような主要な語りの形式は，例えば青年と老人の語りの分析に用いられます。青年の自分の人生についての語りは平均して，「幸せだった幼児期→苦難に満ちた思春期→明るい未来へと進む現在」というコメディ－ロマンス形式であることが見出されました。それに対して，老人の語りは「困難に満ちた青年期→ 50 ～ 60 歳代で「黄金期」→下降的語り」という虹のようなかたちをしていました。「自己についての語り」は千差万別で，なにも法則性が見出されないように思われますが，語りの形式という新たな道具によって分析し実証的に「解体」作業が行なえることをガーゲンは示していると思います。

　ただし，ガーゲンは老人の語りに「衰退としての老化」が含意されており，その観点を浸透させることに社会科学が貢献していることを「暴露」しました。そしてこの分析からガーゲンが導きだした再構成の方向性は，「社会科学は，より肯定的で可能性に富んだ高齢者像を提示すべきである」というものでした。筆者はすでに，この方向性は「生涯発達」という概念が流布されることによって，「老いは自己責任である」という危険なリバウンドを伴いつつ生活実践に浸透されていると考えています。

Direction　なにに使えるのか

　ガーゲンだけでなく，社会的構築主義の系譜に位置づく研究は，心理学におけるパラダイムの変換として価値があるというよりは，そのインパクトが持つ実践性が評価されるべきだと思います。「自己」の解体に関して言えば，確かに自己肯定感，自尊感情，自己効力感など主体的にふるまう「自己」があらかじ

め想定されている構成概念が，いったいなにを指しているのかを心理学の研究者が再構成するきっかけを与えてくれるでしょう。しかし，それよりも例えば次のような教育実践の場で，私たちが「あたりまえ」と考えている土台がいかに頼りないものなのかに気づくことのほうが重要であると思うのです。

　昨今流行のポートフォリオ評価を用いた教育実践では，子どもが自らやってきたことを振り返るなかで「自己評価」し，次に何を学ぶべきかを「自己決定」することを目指しています（シャクリーら，2001）。もし，「自己」が社会的に構築されているとしたならば，こうした子どもの「自己評価」「自己決定」を求めることで，いったい誰にどのようなメリットがあるのでしょうか。そして，子どもたちは誰かが求めるような「自己」を創りあげる（夏堀，2005）のだとしたら，やはりその誰かは教師だけでなく，保護者や地域の専門家を含め，複数の大人であることを保障するように教育実践を再構成する必要があるでしょう。このように，「自己」についての懐疑から，教育実践における評価者の構成，子どもにどのような大人になってほしいのかという教育の〈価値〉，そしていわゆる「開かれた学校づくり」といった地域と学校との連携の問題まで，実践的に考えていくことができるのは，構築主義の持つ「破壊と創造」のパワーだと思います。

　さらに，構築主義の立場からの指摘は，「目から鱗」体験をもたらします。私たちが日常何気なくやりすごしているところで，さまざまな権力関係が絡み合っていたり，みんなにとって非常に良いとされていたことが実は一部の人にしか利益をもたらさないことであったり，誰かにとっての問題解決が誰かにとっては新たな問題の創造であったりすることがたくさんあるのです。私たちが見ている世界は，それほど確かなものではなくて，適切なやり方で隠されているものを明るみに出すと世界の見え方が変わってくるのです。それに気づくような学びは，とても楽しいに違いありません。「目から鱗」体験の重要性を認識し，学習内容だけでなく環境構成に力点を置いた学びの在り方を考えるのに，社会的構築主義のパラダイムは有効だと思われます。

　この本のなかでいくつか取りあげましたが，性差別をはじめさまざまな差別が無くなることや，社会保障の問題など大きなテーマから，日々のなに気ない評価的なまなざしの妥当性まで，社会的構築主義の思考方法で扱うことが可能

です。これから研究テーマを決める人は，一度ガーゲンが示唆するような「あたりまえ」を疑うことから始める思考方法を使って考えてみてください。きっとおもしろい研究テーマが見つかると思います。

文　献

バー, V.　1997　社会的構築主義への招待.　川島書店.

バー, V.　2005　社会心理学が描く人間の姿.　ブレーン出版.

Gergen, K. J. & Gergen, M. M.　1986　Narrative form and the construction of psychological science. In T. R. Sarbin (Ed.), *Narrative psychology*. Westport: Praeger. Pp.22-44.

ガーゲン, K. J.　2001　ポストモダン心理学に向けて.　クヴァル, S.（編）永井 努（監訳）心理学とポストモダニズム.　こうち書房.　Pp.29-46.

夏堀 睦　2005　創造性と学校—構築主義的アプローチによる言説分析.　ナカニシヤ出版.

シャクリー, B. D., バーバー, N., アンブロース, R., & ハンズフォード, S.　2001　田中 耕治（監訳）ポートフォリオをデザインする：教育評価への新しい挑戦.　ミネルヴァ書房.

（山本 睦）

11 ■ 「原因」ではなく「結果」を疑う

S. マクナミー，K. J. ガーゲン『ナラティヴ・セラピー』

野口祐二・野村直樹訳，金剛出版，1997 年

〈関連分野〉

心理療法，コミュニケーション，質的研究

Abstract　なにが書かれているのか

　ある夜，仕事に疲れた男が，自分の家に帰ってきたときのこと。ドアを閉めようとしたら，偶然，飛び出してきたヤモリをつぶしてしまった。男は『家を守るヤモリ（家守）を殺してしまったということは，何か自分の身に良くないことが起きるのではないか』と考えた。不安になった男は，次の日の朝，妻にこの話をした。すると妻は「あら，よかったじゃない。そのヤモリはきっとあなたの身代わりになってくれたのよ。これであなたの身には何も起きないわよ」と答えた。男は妻の話を信じたわけではないが，『ものは取りようだな』と，なんだか気が楽になって仕事へ出かけていった。

　この話からなにがわかるでしょうか。1 つは，出来事の意味は，出来事自体によって決まっているのではなく，意味づける側によっているということです。2 つは，出来事に対する意味は，人ぞれぞれですが，それは固定的なものではなく，対話など他者とのコミュニケーションをとおして変容するものであるということです。そして最後に，なによりも重要なことは，自分とは異なる意味づけに出会うことで，意味づけるという行為の背後にある前提そのものに変化が生じていることです。どういうことかというと，この話のなかで，男は自分とは異なる妻の意味づけを聞いたとき，「どちらの意味づけが正しいのか」

ではなく，「この現象はどちらの意味でも捉えうる」（『ものは取りようだな』）
という認識に達しています。つまり，出来事には「1つの正しい意味」がある
という前提（だからこそ，男はヤモリをつぶして不安になった）から，「複数の
解釈（意味づけ）の可能性に開かれている」という前提へ認識がシフトしてお
り，それが男の気を楽にさせているということです。

　ナラティヴ・セラピーでは，この出来事が持つ複数の解釈可能性のことを
「意味の多元性」とよび（ガーゲン・ケイ，1997），それにより私たちは，主体と
しての自由を感じることができると考えます。ところが，セラピーのなかで語
られる物語は，この多元性を欠いており，他の意味づけの可能性がありえない
ような形，すなわち，主体としての自由を損なわれたかたちで表現されます。
そこでナラティヴ・セラピーでは，セラピストとの対話をとおして，クライエン
トが自らの問題や人生について，「いまだ語られていない」可能性に気づくこ
とが目指されます。そして，多元的な認識へと至ることで，新たに主体として
自由な感覚を経験することが目的です。

　しかし，従来のセラピーでは，問題には正しい解釈＝1つの解釈の仕方があ
るというような立場がとられてきました。ガーゲン・ケイ（1997）はこの立場
を「物語の単一性への志向」（p.207）とよび，そこではクライエントの物語よ
りセラピストの物語が優先され，クライエントの物語はセラピストの物語によ
って置き換えられるという問題点があることを指摘しています。どういうこと
かというと，従来のセラピーでは，クライエントが語ることは，セラピストの
理論（科学の物語）によって解釈され，それに則って見立てや介入策が立てら
れてきました。つまり，セラピストの物語のほうが，問題の本質をつかんでい
ると考えるわけです[注1]。

　この場合，セラピストの物語は，多元的な解釈可能性を開くものではありま
せん。なぜなら，セラピストの物語こそが唯一正しい解釈なのであって，それ
に比べ，クライエントの物語は，不十分で誤った解釈であると考えられるから
です。したがって，従来のセラピーでは，クライエントは，セラピストの物語
を押し付けられる存在であり，自ら選択したり，新たな意味を生成したりする
自由を奪われています。その意味では，いくら目の前の問題が解決したように
見えても，クライエントは主体としての自由な感覚を損なわれた存在であるこ

とに変わりないというわけです。

　そこでナラティヴ・セラピーでは，治療場面において否応なく生じるこの権力関係をいかにして破壊するかが，具体的な課題となります。例えば，本書ではその技法として，「無知の姿勢」（アンダーソン，H.・グーリシャン，H.）や「リフレクティング法」（アンデルセン，T.）などが紹介されています。

　「無知の姿勢」では，セラピストはクライエントが語る問題に対し，勝手に説明を加えたりするのではなく，徹底してその問題については「クライエントのほうが専門家である」という前提に立ちます。ここでセラピストは「助言する立場」から「教えてもらう立場」へとその役割を逆転させます。このように従来のセラピーにおける「教える－教えられる」関係を転倒させることで，クライエントとセラピストの間により対等な関係を打ち立てることが狙いです。

　また「リフレクティング法」では，それまでの家族療法における治療過程の「見る／見られる」の関係を逆転させます。つまり，これまでのセラピーでは，セラピストたちが面接をとおし，クライエントたちの行動ややり取り，意見を観察し，それに基づき助言するという形をとっていました。それに対し，この手法では，逆にクライエントたちに，セラピストたちが自分たちの問題について話し合っている場面を観察してもらい，コメントをもらいます。この技法もまた，セラピストとクライエントの立場を逆転させることで，治療場面で生じがちな権力関係の無力化を図っています。

　つまり，ナラティヴ・セラピーにおける治療者の専門性とはさまざまな技法をとおして「自由な会話の領域を開拓し，『新しい何か』が生じるような対話プロセスの発生を促進する」（アンダーソン・グーリシャン，1997）対等な関係をクライエントとの間に築くことにあると言えます。こうしてナラティヴ・セラピーの出現によって，セラピーの目的が，従来の「（クライエントに）変化を起こすこと」から「会話のための空間を創造し，拡げること」（cf.アンダーソン・グーリシャン，1997）へと大きく捉えなおされることになったというわけです。

Background　どのように生まれたのか

　ナラティヴ・セラピーの成立には，ポストモダンの思想や社会的構築主義からの強い影響がしばしば指摘されます。しかし，それらの思想自体についてはこの本の第10章で詳しく論じられているため，ここではもう少し具体的なレベルで，ナラティヴ・セラピーの成立に影響を与えた理論的背景を見ていきたいと思います。

　1つは，フェミニズムからの影響で，より具体的には適応主義への反省です。フェミニズムは，現代の精神医療を，女性が置かれた不当な社会的状況よりも，「婦人病」といった病名をつけて，女性個人に責任を見出そうとしていると厳しく批判してきました（平川, 1999）。つまり，精神医療は，病名をつけ治療を施すことで，実は不当な状況への適応を女性に強制しているということです。こうしたことは女性の問題に限ったことではなく，「心の問題」を扱う専門領域に広く当てはまる現象です。例えば，学校に行くのに腹痛を訴え不登校になった生徒へのセラピーを考えてみましょう。このとき，行動療法であれば，いきなり教室復帰は難しいので，まずは校門まで行ってみよう。それができたら，担任の先生に会ってみよう……という形で学校復帰を目指すかもしれません。あるいはクライエント中心療法なら，無理をさせず，現在の状況を受け入れ，生徒の気持ちに共感することで，本人が行く気になるのを待つかもしれません。また精神分析なら，母子関係を見直し，親が変わることで子どもの状態を改善し，学校復帰を目指そうとするかもしれません。いずれにせよ，腹痛は取り除かれるべき症状であり，どうしたら生徒が学校にうまく適応できるかを考えている点では共通しています。しかし，フェミニズムが精神医療を批判したのと同じ見方をするなら，登校時の腹痛は，その生徒の学校の側への異議申し立てのサインとして見ることだってできるはずです。つまり，このような状態に追い込まれてしまったことについて，生徒だけがその責を負うのではなく，このような状況を作ってしまった学校側に対し，もっと積極的に改善要求を突きつける正当な機会として見ることもできるはずです。しかし，個人の学校や社会への適応に価値を置く従来のセラピーでは，こうした可能性は予め排除されてしまいます。したがって，従来のセラピーは，人々を自由にするど

118 11 「原因」ではなく「結果」を疑う

表 11-1 ベイトソンによる学習のレベル分け

学習Ⅰ	誤った選択が修正される変化
学習Ⅱ	選択がなされる選択肢の変化
学習Ⅲ	選択がなされる選択肢群のシステム自体に生じる変化

ころか，問題解決をとおして，不当な状況への適応を強いているとも言えるわけです。

このようにフェミニズムの影響を受けることで，ナラティヴ・セラピーは，セラピストとクライエントの関係に潜む権力構造を明らかにし，「治療」という名目で行なわれていることが，ある種の適応主義に陥るリスクがあることを明らかにしました。

さらにナラティヴ・セラピーの成立に影響を与えたと思われるもう 1 つの理論的背景は，ベイトソンの学習論で，学習のレベルを分けるという考え方です。学習に関するベイトソン（Bateson, G.）のオリジナルの議論はかなり込み入った議論ですが，ここではナラティヴ・セラピーに関係する範囲で検討を加えたいと思います。ベイトソンは，学習のレベルを表 11-1 に示したように学習Ⅰ〜学習Ⅲに分けました（cf. Bateson, 1972, p.293）[注2]。

これをナラティヴ・アプローチへ応用するために，冒頭のヤモリの話に当てはめてみましょう。まず「ヤモリをつぶしたこと＝悪いことが起きる前兆」と考えること自体が間違いであると気づく段階が学習Ⅰにあたります。また妻が新たに示した考え方＝選択肢（「ヤモリをつぶしたこと＝良いこと」）でヤモリの死を捉えるようになったとしたら，その段階は学習Ⅱにあたります。そして，男が実際に達した認識ですが，「出来事の意味は必ずしも 1 つとは限らない，むしろ，複数の解釈が可能だ」という段階は，選択肢群が持っている前提（択一式か多肢選択式か）に変化が生じているという意味で学習Ⅲにあたることになります。

こうした視点を導入することで，意味づけの変化にも階層性があることが明らかになります。またそれにより，セラピーが目指すべき変化のレベルが明確化されます。ベイトソンの学習についての議論は，生じている学習のレベルを説明するものでしたが，ナラティヴ・セラピーはそのレベルの学習をどのよう

に引き起こすかを示唆しているとも言えます。この意味でナラティヴ・セラピーは，ベイトソンの学習論の実践の１つのかたちとして捉えることも可能だと思います。

Creativity　なにが新しいのか

　それではナラティヴ・セラピーは，従来の心理学と比べ，なにが新しいのでしょうか。次の２つの点でナラティヴ・セラピーのアプローチ（以下，ナラティヴ・アプローチ）はこれまでのアプローチに比べ新しいと言えると思います。１つは多元的な世界観の導入と，２つは，それに伴う方法論的な変更です。どういうことか，１つずつ見ていきましょう。

　まず多元的な世界観についてです。通常の心理学では「正しい理解」，その意味で「一つの真理」を求めます。先の例を使って，登校時に原因不明の腹痛に襲われ，不登校になった子どもの話で考えてみましょう。そのとき，多くの人は「なぜその子は不登校になったのか（あるいはなっているのか）？」と考えるでしょう。そして，その理解に沿って，対策を立て，介入をしていきます。そのやり方でうまくいけば，その理解が正しかったことになり，うまくいかなければ，その理解は不十分なものであったことになります。つまり，「正しいか，正しくないか」，もっと言うなら，「あれか，これか」という捉え方です。それに対して，多元的な世界観は「あれも，これも」という考え方をすると言えます。例えば先の例で言うと，『腹痛は確かに学校に対する不適応という捉え方もあるかもしれない。でも，それを学校に対する異議申し立てだとするなら，あなたが嫌な思いをせずに学校に行くために，学校は何が変わる必要があるだろうか？』というような問い方も可能になります。つまり，１つの現象に対して，もし他の解釈が可能だとしたら，どんな物語を作ることができるかを問うているというわけです。そして，このことがセラピーにおいては，問題を別様にも捉えることができるという意味で，主体としての感覚を広げることにもつながるというわけです。まとめると，従来の心理学が「どの解釈が正しいのか？」と問うのに対して，ナラティヴ・セラピーは「他にどんな解釈がありえるか？」ということを問うということです。言い換えるなら，従来の研究が

ありえる選択肢や可能性を「しぼること」を目指しているのに対し，ナラティヴ・アプローチはいわばそれを「広げる」ことを目指しているという点が大きく異なる点だといえます。

そして，このことと関連してナラティヴ・アプローチが持つもう1つの新しさは，通常の心理学のアプローチでは，なにか現象が与えられた場合，そこに「必然性」を見ようとしますが，ナラティヴ・アプローチでは，「偶有性[注3)]」を見ようという方法論的な変更にあります。従来の心理学のアプローチでは，なにか問題となる現象があったとき，その原因をいろいろと疑っていくことになります。例えば，先の不登校の例で考えると，通常のアプローチでは，『親子関係に問題はないだろうか？』『学校に問題はないだろうか？』『精神的，性格的な面に問題はないだろうか？』などというかたちで，原因をいろいろと疑っていきます。その際，不登校の原因が親子関係であろうと，複数の諸要因であろうと，最終的にはもっともうまく（究極的には必然的に）不登校を説明できる要因を探求するという意味で，不登校という現象自体は固定化され，必然化されていると言えます。つまり，疑われるのは原因のほうであって，結果である症状自体はなんら疑いを持たれません。

それに対して，ナラティヴ・アプローチでは，その原因ではなく，結果のほうを疑っていきます。例えば，「親子関係や学校，性格などに問題があったとして，それを不登校以外の表し方はできないだろうか」と。あるいは，先に見たように，不登校を不適応と捉えるのではなく，「学校や家族に対する異議申し立てと捉えるなら……」という視点も，結果的に生じている行動の意味づけを問題にしているという点で結果を疑っていると言えます。つまり，ナラティヴ・アプローチでは人々の「『問題の仕方』を問題にする」ことで，結果として生じている現象を必然的なものから，偶有的なものへと捉えなおしているというわけです。

それでは，多元性を重視し，原因よりも結果を疑うナラティヴ・セラピーのアプローチは，研究や実践に対して，どのような新たな方向性を切り開くのでしょうか。次ではそれについて見ていきましょう。

S. マクナミー, K. J. ガーゲン『ナラティヴ・セラピー』　　**121**

Direction　なにに使えるのか

　世界を多元的に捉え，原因ではなく，結果を疑うといった通常の心理学のアプローチとは逆向きの考え方をするナラティヴ・アプローチは，実践に対する私たちの考え方に大きな影響を与えると思われます。

　例えば，研修などで，現場の方と接するときに必ずといって良いほど言われることに「より実践的な話をお願いします」という要求があります。そこで「より実践的とは具体的にはどういうことですか？」とたずねると「現場で役に立つ話です」，あるいは「明日からでもすぐ使える話です」と。さらにそこで「役に立つとか，使える話とは具体的にはどういうことですか？」とたずねると「こういうときには，こうすれば良いというような話です」という返答が返ってきます。つまり，こういうことです。現場の方の多くが抱く「実践的」という言葉のイメージは，なにかが起きたときに，どのように関われば良いのかがわかるという意味で，「関わり方を決められる」あるいは「選択肢をしぼれる」ということです。

　それに対して，ナラティヴ・アプローチにおける「実践的」という言葉は，別の可能性を引き出すという意味で，選択肢をしぼるのではなく，逆に「選択肢を広げること」を意味しています。つまり，「そんなふうに捉えるだけでなく，こんなふうにも捉えられるのではないでしょうか」，あるいは「こんなふうに捉えたら，こんなふうにも関われるのではないでしょうか」ということです。

　例えば，女子のものばかりを盗ってしまう男の子がいたとき，それを性的な問題や窃盗（犯罪）として捉えてしまうと，学校教育のなかでできることは制限されてしまいます。しかし，「これだけたくさんの生徒がいる学校のなかで誰にも見られずにモノを盗ってしまうとは，この子，いったい友達はいるのでしょうか？」と人間関係の問題として捉えなおしたとします。そして，「ところで，友達関係がうまくない子にはどのように対応されてきましたか？」と質問すると，先生たちの多くはいろいろな案を出してくれます。例えば，「休み時間に少し呼んで話をしてみようか」「少し間に大人が入ってつなごうか」「とにかく大人が一緒にいて，関係を作る時間を増やそう」などなどです。つまり，性

122　11　「原因」ではなく「結果」を疑う

的な問題，あるいは犯罪行為として捉えていると，良い案が浮かばない場合でも（つまり，自由が損なわれている），それを人間関係の問題として捉えるなら，教師たちの間で自ずと多くの案が出てくるというわけです（つまり，自分たちで対策を立てられるという意味で自由が回復されている）。

　このように教育の可能性，あるいは教師の関わりの選択肢を広げるという視点から教育問題を捉えなおすなら，他にもさまざまな問題について応用可能です。例えば，発達障害の問題など，現在のアプローチでは「どうすれば障害を抱えた子が授業に適応できるか？」という視点に基づいた研究や実践が主流です。すなわち，問題となっている生徒にスキル・トレーニングを行なったり，プログラムを実施することで学校適応を図らせようという視点です。しかし，ナラティヴ的な発想で発達障害児の問題を，既存の授業や学校生活への異議申し立てと捉えるなら，子どもを変える方向性だけでなく，もっと「障害を抱えた子を含めてどんな授業を展開することが可能か？」，あるいは「障害を持った子どもがいても崩れない学級とはどんな条件をもった学級か？」といった授業や学級の在り方に改善を見出す研究や実践がもっとあってしかるべきかと思われます。つまり，発達障害をその子どもの問題としてだけ捉えるよりも，授業や学級づくりの課題として捉えたほうが，現場の方たちにとって，より主体的に語れる自由度があがるのではないかと思うのです。

　このようにナラティヴ的な発想をとることで，私たちは研究の実践性を「どうすれば問題が解決するか」という視点からだけでなく，「どうすれば人々がもっと主体的かつ自由にその問題を語ることができるのだろうか」という視点からも捉えることができると思います。常に明確な解決策が必ずしもあるとは言えない教育現場においては，今後さらに，こうしたナラティヴ的な視点がより重要になってくると思われます。

注

　注1）例えば，児童が登校時に訴える腹痛について，精神分析なら「母子分離不安」を，行動療法なら「間違った学習体験」を，認知療法なら「認知の歪み」を，システム論ならある種の「悪循環」をその真の原因（症状が意味するところ）と考えるように。

　注2）実際のベイトソンの理論では，学習0〜学習Ⅳまで分類しています。

　注3）他のものでもありえた可能性のこと（大澤，1990）。

文　献

アンダーソン，H. & グーリシャン，H.　1997　クライアントこそ専門家である：セラピーにおける無知のアプローチ．マクナミー，S. & ガーゲン，K. J.（編）　野口裕二・野村直樹（訳）1997　ナラティヴ・セラピー．金剛出版．Pp.59-88.

Bateson, G.　1972　The logical categories of learning and communication. Bateson, G. with Bateson, M. C.　1972　*Steps to anecology of mind*.　The University of Chicago Press. Pp.279-308.

ガーゲン，K. J. & ケイ，J.　1997　ナラティヴ・モデルを越えて　マクナミー，S. & ガーゲン，K. J.（編）　野口裕二・野村直樹（訳）1997　ナラティヴ・セラピー．金剛出版．Pp.183-218.

平川和子　1999　フェミニスト・セラピー：共感と安全を保障するつながり　小森康永・野口裕二・野村直樹（編著）1999　ナラティヴ・セラピーの世界．日本評論社．Pp.93-111.

（加藤弘通）

12 ■ 行為から意識をみる

G. H. ミード『精神・自我・社会』

稲葉三千男・滝沢正樹・中野収訳，青木書店，1973 年

〈関連分野〉

行動主義，コミュニケーション，自己

Abstract　なにが書かれているのか

　しばしば「自分探しの旅」というフレーズを耳にします。この「自分探しの旅」とはどんな旅なのでしょうか。自分を探しに旅に出るわけですから，どこかに『自分』というモノが落ちていて，それを探し求めて旅に出るということでしょうか。そんなことはありません。自分探しの旅で重要なのは，『他者』の存在です。他者は自分との差異として目の前に現れます。そしてその他者との差異から自分が見えてくるのです（大澤，1994）。日常生活でも他者はそのようなかたちで私たちの目の前に現れていますが，なかなか気づけません。しかし特に海外旅行に行くと，そこには言語の壁があり，自分が伝えたいことが伝わらないといったことがあるし，文化の違いがあり，自分の何気ない行動が相手を傷つけるといったこともあるでしょう。つまり旅先で出会う他者は「絶対的差異」として認識され，そこで自分を強く意識するということになるわけです。人によっては旅先で初めて自分が日本人であることを意識したことがあるのではないでしょうか。

　それではみなさんは「自分」がどこからやってきたのかを考えたことがあるでしょうか。このことを考えたのが本章で取りあげるミード（Mead, G. H.）なのです。ミードは自己がいかに成立してくるのかを問題にしました。そして『一般化された他者』の態度を獲得することで自己が成立すると考えました。ではその『一般化された他者』はどのように獲得されるのでしょうか。彼は，

人の身振りや人が発する音声や，人が生まれながらにして他者との関係のなかにいること，そしてその他者との関係のなかで展開される「ごっこ遊び」などを手がかりに，いかにして自己が発生してくるのかを考えました。

　乳児が身振りをするとき，その身振りが有意味なものになるためには，母親などの他者による反応が必要です。他者による反応があり，その身振りの意味が決まってきます。例えば，ミードは「ちょうどフェンシングのばあいのすかしが突きを意味しているように，社会的動作のばあい，ある生物体の他の生物体の身振りへの適応的な反応は，前者による後者の身振りの解釈であり――それがその身振りの意味である」（p.86）と述べています。ある身振りをする者のその身振りの意味は，それに反応する者の行為によって解釈されるというわけです。このように個体間でその身振りの意味に対する共通理解が生まれたとき，その身振りは意味のある身振り，有意味シンボルであると言えるのです。そして子どもはその身振りの意味を自らのモノとして取り入れていきます。例えば，三項関係[1]を考えてみましょう。乳児が犬を指さして「あぅあぅ」と言う。母親は「ワンワンいたね」と子どもに声をかけるという場面を考えてみましょう。ここから乳児は「ワンワン」は犬を意味するシンボルであることを獲得していきます。そして次第にあるシンボルが他者のなかに引き起こすものを自分のなかにも引き起こすようになります。例えばボールが飛んでくる場面で「危ない！」と叫ぶ場合を考えてみましょう。Aが「危ない！」と叫んだとします。すると周りにいる人々はビクッとして身をかがめるでしょう。と同時にA自身も身をかがめるでしょう。このように「危ない！」という叫びが他者のなかに引き起こす反応を自らのなかにも引き起こすようになるのです。これによりごっこ遊びが可能になります。例えば，お母さんごっこをしている子どもを考えてみましょう。お母さんごっこをするのは大抵，女の子でしょう。この女の子は普段の母親の行動を観察しマネをします。つまり，「お母さんならこうするだろうなぁ」という母親の行動（反応）のイメージを持ち，それと同じような行動（反応）を自分のなかに引き起こすわけです。このようにしてごっ

1) **三項関係**　三項関係とは子どもが他者となんらかの対象の経験を共有する現象のことを言う。そして三項関係は，その後の言語や社会性の発達の基盤になると考えられている。

126　12　行為から意識をみる

こ遊びのなかで役割を演じていくのです。こうして子どもは他者役割を獲得していきます。

　ミードはこのような役割獲得過程をふまえて『一般化された他者』の態度の獲得について，多人数で行なうゲームを例にして説明します。ゲームでは，そのゲームに参加している他のすべての人たちの態度を持たなければなりません。野球を例にして考えてみましょう。守備についている人たちはみんな，他の８人の守備メンバーの態度，そしてバッターやランナーの態度をも自らのなかに持っていなければなりません。つまり，その野球に参加している選手たち全員の態度を個々の選手は自らのなかに持っていなければならないのです。例えば１アウトでランナーが一塁にいる場面でバッターがセカンドゴロを打ったとします。セカンドは捕球して二塁に送球する（という態度を持っている）ことをゲーム参加者全員がわかっています。そのため，ショートが二塁に入るのです。ゲーム参加者すべての態度を持たなければゲームを進めることはできません。以上のように組織された共同体や社会集団全体の態度などの表象のことを『一般化された他者』と言います。こうした過程を経て，自分の周りの他者，あるいはもっと広範囲の他者の態度を身につけていくことで自己は十全な発達を達成することになります。このことについてミードは，「他人の態度を採用できるようになり，他人たちが行為するように自分自身に向けて行為するようになるにつれて，かれは自我〔自己〕になる」（p.183〔〕内引用者）と述

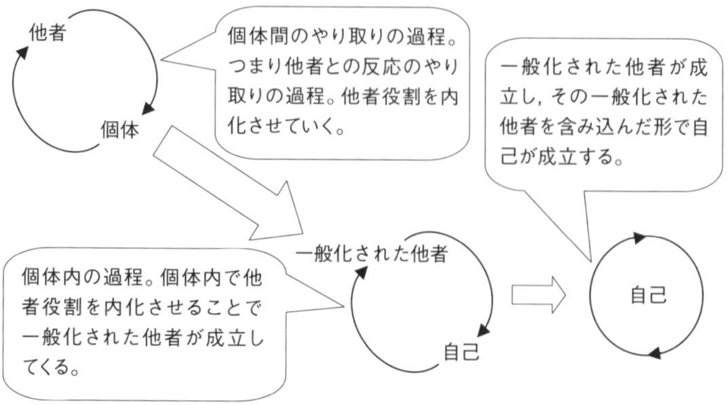

図 12-1　自己の成立過程

べています。このような他者とのやり取りからの自己の成立過程を図示すると図 12-1 のようになります。

　そしてミードは，そのような自己を二側面に分けます。「I」と「me」です。この区別を理解するポイントは，「I」は主格であり，「me」は目的格である点です。両者の定義は非常に困難ですが，筆者なりに述べると，「I」は行為主体のことで，そして「me」は行為がなされるときの参照枠のようなものだと言えるでしょう。もう少し丁寧に述べると「me」は組織化された他者の態度だということになります。さらに「I」は，過去のなかでしか捉えることができません。それに対して「me」は行為の前から捉えることが可能です。例えば赤信号で止まるという行為を考えてみます。この行為は他者，特に年長者の態度を自らのなかに取り込んでなされるものであると言えます。この行為がなされるとき，「me」が機能し，自らに取り込んだ他者の態度と照らし合わせます。つまり，私たちは「me」に基づいて行為するわけです。その一方で，行為をする前や行為中に行為主体である「I」を捉えることはできません。あくまで過去の行為について振り返るときに「I」を振り返ることができるのみです。先ほどの赤信号でいうと，赤信号で止まった後で「I」が赤信号で止まることを選択したのがわかるということです。このように自己は「I」と「me」から成り立っており，「me」を参照して「me」のフィルターを通過するように「I」が行為するという構造になっているため，私たちには自覚的な責任が発生するのです。上記のことを図にしてみます。先ほどの図 12-1 からの続きになります。自己の部分を拡大してみます。自己が何かしらの行為をする際，言うなれば「me」の関所を通過して行為として表に現れることになります（図 12-2）。

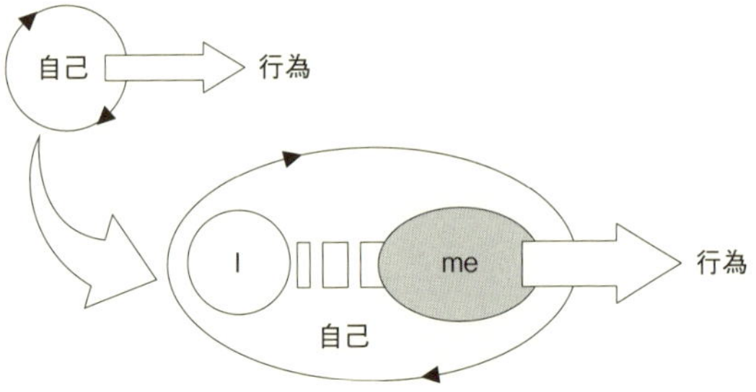

図 12-2 「I」と「me」の関係

128   12 行為から意識をみる

Background　どのように生まれたのか

　ミードは独特の自己論を展開しました。そのような自己論を考えた背景に
は，行動主義が関わっています。みなさんは行動主義と聞いてなにを思い浮か
べるでしょうか。私の手元にある心理学辞典（中島ら，1999）の「行動主義」
の項目にはこのように書かれています。その一部を抜粋します（p.257）。

　　現代心理学における基本的方法論の一つ。科学的心理学とは行動の科学で
　　あり，その研究対象は客観的測定の不可能な意識ではなく直接観察可能な
　　行動であり，その目的は刺激＝反応関係における法則性の解明であるとす
　　る立場。1912 年（論文は翌年），ワトソンは，当時主流であった内観法に
　　よる意識心理学に対抗し，他の自然科学と方法論を共有するためには，心
　　理学は客観的な行動を対象とすべきだと提唱した。

　この記述は心理学を学んだ人ならば誰しもが「知っている」と思うことでし
ょう。つまり，私たちは「行動主義」＝「ワトソン（Watson, J. B.）」と理解し
ていると言えます。しかし実際にはこの理解は間違いではないにしても，正確
ではないようです。三隅（1975）によると，研究のみならずプライベートでも
交流のあったデューイ（Dewey, J.）[2] は，ミードの葬式演説の際に次のように
述べています。

　　行動心理学は彼の創始にかかるものである。ただし彼はその褒賞（リウォ
　　ード）は他の者に刈り取らして平気でいた。（三隅，1975，p.162）

このことを三隅（1975）は「申す迄もなくワトソンが行動心理学の創始者であ

━━━━━━━━━━━━━━━━━━━━

2）**ジョン・デューイ（1859-1952）**　デューイは，アメリカの哲学者・教育学者。心的過程という
　のは，その機能的役割によって理解されるとする機能主義心理学を提唱した。
3）**ヴィルヘルム・ヴント（1832-1920）**　ヴントはドイツの哲学者・心理学者。ライプツィヒ大学
　に世界初の心理学実験室を開設した。ヴントは心理学の研究対象を個人の意識とし，個人に直
　接経験を報告させる内観法によって研究を進めた。

ると思い込んでいる通説を皮肉った訳である」（p.162）と述べています。行為を客観的に観察することの重要性を，ワトソンよりも先にミードが主張していたのでしょう。

　それではミードはどうして行動主義を標榜したのでしょうか。それを理解するためにミードが直面した問題，そしてその問題に向かうなかで影響を受けた人々を確認しておきましょう。ミードが直面した問題はヴント（Wundt, W. M.）[3] の超克です。以下，どのような問題に直面し，どのようにその問題を超克していったのかについてみてみます。ミードはヴント同様，個人の主観的経験，つまり意識を問おうとしました。ヴントは意識が行為をもたらすと考えていました。そのため，行為の原因である（とヴントが考えた）意識を解明することを目指し，内観法によって意識に直接，接近しようとしました。そうすれば，意識→行為の流れが明らかになるとヴントは考えたのです。それに対してミードは，行動主義という立場で，客観的に観察できる行為から意識に接近しようとしました。その際に彼が準備したのが「態度」という概念です。例えば，ワトソンの行動主義などで知られている「刺激－反応」を考えてみましょう。ワトソンの行動主義では，刺激が与えられて反応が起こるという因果関係で捉えられています。しかしミードは反応が刺激を選ぶのだとしています（ミード，1990）。「より後におこる経験が，現在の経験のあるべき姿を決定している」（p.127）というのです。さらにミードは別のところでこのように述べています。「まず刺激があって，それが反応の条件であり原因である，とする古い主張は，いわば本末転倒である。（中略）私たちは，どんな瞬間においても，無数の可能な感覚にとりかこまれている。これらのうちのどれをとりあげるかは，すでにはじまっている反応が決定する。そこに未来があり，行為の帰結がある」（ミード，1994，下 p.118）。このように私たちの反応という構えがなければ刺激も刺激たりえないわけです。この構えが態度ということになるでしょう。そしてミードはそういった外界からの刺激を受け入れる器官である知覚についても次のように述べています。「ある対象は，生物体の性質によってわれわれのなかに存在するようになる。食物の例をとろう。もし草を食べる動物，たとえば牛がこの世にいなければ，草は食物にならない。そのような対象，すなわち食物としての草は，以前には存在しなかった。牛の出現が，新しい対象をも

たらす」(p.138)。このようにしてミードは行為のなかに，より後の過程がより前の過程を明らかにするというような時間性を持たせようとしました。「行動のより後におこる段階が，対象にどのように近づくか，および，はじめにどのように対象をあつかうかという手がかりを決定している」(p.15) のです。そのためその行為がなされることにより，その前の段階，つまり態度が明らかになるわけです。

　ミードのこのような発想に影響を与えたのがプラグマティズムです。プラグマティズムの定義は，「行動の結果，つまり実際的効用を思考に優先させ，人間の思想や概念をそれにもとづいて吟味し理解しようとする技術的思考の立場」(平野，1970) ということになるでしょう。つまりプラグマティズムでは，なんらかの結果から行為の意味や価値などを理解しようとするのです。そこから，ミードは独自のプラグマティズムを展開していきます。彼のプラグマティズムには，行為が対象を構成するという観点があります。先ほどあげた「牛にとっての草」の例にあるように，たとえるなら牛が草を食べるという行為によって草がエサになるということです。このように「対象は，行為そのものによって検証される」(ミード，1994，下 p.159) ことになります。そして刺激がなんであるのかということについても同様です。「刺激に対応する行為の結果によって，刺激を検証するしかない」(ミード，1994，下 p.171) のです。例えば牛が唾液を出すという行為の結果を観察することでエサが刺激になっていることを確認できるということになります。

　またミードはプラグマティズムの影響を受け，個人の行為から意識へと到達することを目指し，その目的を達成するための科学的方法についてこだわっていました。ミードはプラグマティズムの立場から，「仮説が真理であることの検証を，仮説のはたらきのなかにみいだす」(ミード，1994，下 p.171) と主張します。つまり仮説が真理であるか否かは，仮説が作動しているなかで検証されるというわけです。そのためミードは，仮説が作動しているとき，仮説は仮説ではなくなり，仮説はリアリティになる (ミード，2003) と述べます。つまりミードは，反証されるまでその仮説は真理であり続けると主張しているのです。仮説を反証するにはデータを収集することが必要になります。そのデータが問題を解決したとき，仮説は反証されてそのデータに基づいた新たな真理

が生まれることになります。さらに別のデータによってその真理が反証されれ
ば，その別のデータに基づいた新たな真理が生まれるのです。データというも
のは永続的なものではなく，問題に対して相対的でしかないのです。相対的で
しかないというのは，時代や文化が変わればそのデータが反証の根拠にならな
くなるということです。そこからミードは真理とはデータを収集して問題が解
決されることとと同義であると述べています。何らかの問題に対して仮説が生
成され，その仮説によって問題が解決されたとき，その仮説は真理であること
が判明すると言えます。このように，ミードの思想にはプラグマティズムの影
響が見受けられます。そこから独自の行動主義をつくっていったのです。

Creativity　なにが新しいのか

　本書の元になったのは1928年，1930年の講義の速記録などです（伊藤，
1997）。そのためミードの理論は新鮮な理論とは言えないでしょう。しかし筆
者はみなさんにとっての新しさがまだあると思っています。筆者が見るミード
の新しさの1つは，行為から意識の発生を見るという視点をとったことです。
通常，私たちは「意識が行為を行なわせる」という視点をとります。しかしそ
の視点では意識がどこから発生してくるのかをさらに問わなければなりませ
ん。すると，例えば意識の起源を脳に還元するようになり，さらにその起源は
脳の特定の部位なのか，それとも脳全体あるいは複数の部位の働きなのかなど
問うことになっていきます。しかし未だに意識と脳の関係には諸説あり，結論
に達しているとは言えない状況です（例えば，ブラックモア，2009を参照）。
それに対してミードは意識の発生を行為から考えました。このようにミードが
発想を変えたのは，個人の経験はそれが起こる状況との関連で説明されなけれ
ばならないとし，私たちが同じ対象を知覚してもそこから違う経験をすること
を解明するためだったといえます。この考え方はこの本の第1章のギブソンの
考え方に通じるものです。そしてまたミードは個々人に共通する世界と個々人
に特有の世界の相関関係を取り出したいと考えたわけです。私たちには固有の
パースペクティヴがあるために，先に述べたように同じ対象を知覚するとい
う個々人に共通する世界を経験しつつ個々人に特有の意識世界を経験していま

す。例えば横断歩道の信号を考えてみましょう。信号が赤だったら私たちは止まるでしょう。赤信号で止まるという経験は人々の間で共通しています。しかしその赤信号で止まったことについての意識経験は個々人でバラバラです。ある人は「早く青に変わってくれないと遅刻しちゃう」と思い，足踏みしたり，時計をチラチラ見たりしています。また別の人は「行かなくちゃならないんだけど，行きたくないなぁ」と思い，沈んだ表情をして，青に変わってもすぐには歩き出しません。このように個々人に共通する経験の世界と個々人特有の意識経験の世界があるわけです。そのためミードは個人の意識経験が発生する条件を探求し，それを行為の側面から記述することを考えました。意識が行為のなかに染み出しているため，行為を見ることで行為の前段階に想定されるなんらかの意識が理解可能になるのです。例えば先ほどの例でも，そわそわして足踏みしたり，時計をチラチラ見たりしている人を見ると，その行為のなかにその人の意識（急いでいる）が染み出してきているのが理解できるでしょう。このようにミードは行為から意識を捉えていこうと考えたのです。

　ミードは自己の発生に関しても，他者とのやり取りをその前提条件として考えました。さて，このことの新しさを考えるにあたり，次のことをふまえたいと思います。それは，発達心理学の教科書で乳幼児の自己発達に関する記述のなかでしばしば引用されるルイス（Lewis, M.）のルージュテスト[4]の実験やギャラップ（Gallup, G. G. Jr.）のチンパンジーに対する鏡を用いた実験[5]です。これらの実験から，鏡映自己像が理解できるのは自己意識が形成されているからだと言われます。つまり他者視点に立って自分を眺めることができるようになっているため，鏡映自己像が理解できるというわけです。ではこの鏡映自己像の理解に必要な条件とはなんでしょうか。それは他者（他個体）の存在です。ギャラップたちはミードの主張を検証するため，一頭だけ社会的に孤立して育ったチンパンジーに鏡を見せたところ，社会集団のなかで仲間とともに育ったチンパンジーとは違って，自己認知を示さなかったことを明らかにしてい

[4] **ルージュテスト**　幼児の顔のどこかに口紅で印をつけ，その後，自分の姿が写る鏡を見せて，自分の顔に印がついていることに気づくかどうかを調べる実験パラダイムのこと。
[5] **鏡を用いた実験**　ルージュテストパラダイムをチンパンジーに用いた実験のこと。詳しくはキーナンら（2006）を参照。

ます（キーナンら，2006）。つまり，他者の存在が自己の理解の前提条件になっている可能性が示されたわけです。ギャラップたちはミードの自己論を学び，自分自身について知っていることは，他者から得るフィードバックの副産物だと考え，ミードの理論を確かめるために実験を行ないました。

　またミードの新しさは自己と社会の関係の捉え方にも現れています。自己と社会の関係について考えた人物で，非常によく知られているのがエリクソン（Erikson, E. H.）です。このエリクソンとの比較を通してミードの考えを見てみましょう。エリクソンは自己と社会の関係を「対立」で捉えています。例えば幼児期の心理社会的危機である「自律性対恥・疑惑」について説明するなかで，エリクソン（1977）は，子どもは自律性を身につけ，自由に選び，些細なことに固執し環境のいろいろなことを支配したがるようになるのだが，大人がそれをコントロールしていくことが必要であることを述べています。つまりエリクソンは，自己の発達は他者に代表される社会と対立し，対立しながら新たなステージに進んでいくという発想をしているわけです。さらに言えばエリクソンにおいては，自己が社会の基盤をなすという考え方をしています（エリクソン，2001）。自己が集まって社会ができるという発想です。それに対して，ミードは社会の自己に対する時間的先行性を認めることから自己の分析をスタートさせます。そしてその自己の集合が次の時代の社会を形成し，その社会が次世代の自己発達の基盤となるという考え方です。ある他者やある社会でのコミュニケーションのなかから生まれた自己はその時代や社会の制約のなかにあるわけです。そしてその自己が次には新たに生まれた個体にとっての他者となり，新しい社会，環境が創造されていくことになります。自己も他者も社会も，そしてそこで行なわれるコミュニケーションも固定されたパターンを形成するのではなく，流動的なものです。するとそこからある1つの考え方が生まれてきます。それは，自己は社会性を反映したもので，時代によってその内容は影響を受けるということ，つまり自己は流動的で可変的であるということです。個人の意識や自己などを考える際，他者や社会を経由して捉えなければ，目の前の個人が見えなくなってしまうわけです。ミードのように考えると，人々が生きている社会においていかにして各々の自己が成立してくるのかを考えることが可能になるのです。そしてさらにはいかにして社会が変化していくのかと

134　12　行為から意識をみる

いうことについても考えることができるのです。

Direction　なにに使えるのか

　ミードの理論は今後，どのような方向に使っていけるのでしょうか。ここで
はやや抽象的な話になりますが，ミードの行動主義という方法論について述べ
ていきます。ミードは行動主義の立場から意識や自己の問題を論じました。ミー
ドの行動主義では，意識を排することなく，かといってヴントのように内観
法によって対象者自身に内的経験について言語報告を求めるのでもない，行為
から意識に接近するという立場を表明しています。そして行為から意識に接近
するために，行為の前段階として態度という概念を導入しました。具体的に言
うと，椅子に座るという行為が起こったとき，個人は椅子の意味を意識したこ
とになると言えます。椅子の意味を意識した状態のことを態度といいます。こ
の「座る」という行為がなければ，椅子の意味は意識されないことになり，個
人の主観的世界のなかには存在しないことになるわけです（ミード，1991）。
一方で「座る」という行為が出てくるということは，その「座る」という行為
自体にその対象を椅子として意識したという態度が表されているのです。その
ため彼の行動主義では次のようになります。「個々の個体の現在進行中の活動
が，その個体にとっての世界に印をつけ，それを規定づけるのであり，したが
って，世界は，他の個体にではなく，当の個体にとって存在する，ということ
である。もしこのことを意識と呼ぶならば，行動主義心理学は，意識を行為の
観点から説明できることになる」（ミード，1991，p.39）のです。このミードの
行動主義を学ぶことで，今一度，心理学の研究方法論を再考し，これまでとは
違った視点から研究を進めていくことができるのではないでしょうか。もちろ
んミードの行動主義をなぞって研究するとなるとテーマや対象も限定されるこ
とになり，多くの人には「役に立たない」理論ということになってしまうでしょ
う。そのためミードの行動主義を応用し研究を進めていくことが大切でしょ
う。例えば筆者は「女子大学生の化粧行動」というテーマで卒業論文を書きま
した。この卒業論文を少しだけ紹介します。この卒業論文で筆者は，対象者の
意識を聞くのではなく，行動を聞くことにしました。「どうして化粧するのか」

という意識を聞くと「○○だから」と答えてくれます。しかしそのように直接，意識について尋ねるのではなく，筆者は対象者たちの行動を聞くことで女子大学生たちに共通する経験を抽出しようとしました。具体的には，①ここ1か月くらいの間に行った場所はどこか。②その場所に行くと誰に会うのか。③その各々の場所に行く際，化粧するのか，などです。その結果，対象者たちにとって重要な他者と会うときやすれ違うときに化粧行動が現れることがわかりました。行為や行動から意識に接近したいという思いからこのような手法をとったのです。つまり実験法や観察法のみならず，面接法でも質問紙法でも，人の心にいかに接近するのかを考えるのは同じであり，面接法や質問紙法では「意識に直接アプローチしなければダメだ」とはならないと思います。ミードの行動主義という方法論でさまざまなアプローチが考えられるでしょう。

　このような行為から意識に接近するアプローチは，ミードが提唱していた以上，昔からあったと言えます。しかしあったにもかかわらず，心理学の世界ではあまり顧みられることがなかったのです。1960年代〜1980年代の古い文献（例えば波多野・藤永，1968; 南，1976など）にはミードの理論について比較的詳細に述べられています。しかし筆者が読むことができた心理学の教科書とされている最近のいくつかの文献に目を通すと，ミードについての記述はあまりありませんでした。このことは現在，心理学を学んでいるほとんどの学生や大学院生が，ミードについてほとんど知らないということを意味すると思われます。そのためミードの理論を改めて知ることで，これまでとは違う視点から自らの研究を見つめ直したり，これまで気づけなかったことに気づくことができるようになったりするのではないでしょうか。ミードは自らの行動主義という立場から行為から意識に接近するというアプローチで自己論を展開しました。筆者はミードがなにに使えるのかを考える際，彼が提唱した自己論ではなく，研究の基礎となる方法論を再考することができる点にミードを読み直すことの大きな意義があると考えています。

文　献

ブラックモア, S.　2009　「意識」を語る.　NTT 出版.

エリクソン, E. H., & エリクソン, J. M.　2001　ライフサイクル, その完結（増補版）.　みすず書房.

エリクソン, E. H.　1977/1980　幼児期と社会 1・2.　みすず書房.

波多野完治・藤永 保.　1968　心理学のすすめ.　筑摩書房.

平野 耿　1970　プラグマティズム.　山崎正一・市川 浩（編）　現代哲学事典.　講談社.

伊藤 勇　1997　ミードの「社会的行動主義」.　船津 衛（編）　G. H. ミードの世界: ミード研究の最前線.　恒星社厚生閣.

キーナン, J. P., ギャラップ, G. Jr., & フォーク, D.　2006　うぬぼれる脳:「鏡のなかの顔」と自己意識.　日本放送出版協会.

ミード, G. H.　1990　小川英司・近藤敏夫（訳）　社会心理学講義: 個人と社会的自我.　いなほ書房.

ミード, G. H.　1991　船津 衛・徳川直人（編訳）　社会的自我.　恒星社厚生閣.

ミード, G. H.　1994　魚津郁夫・小柳正弘（訳）　西洋近代思想史（下）.　講談社.

ミード, G. H.　2003　加藤一己・宝月 誠（編訳）　G. H. ミード プラグマティズムの展開.　ミネルヴァ書房.

南 博　1976　行動理論史.　岩波書店.

三隅一成　1975　行動科学と心理学.　産業能率短期大学出版部.

中島義明ほか　1999　心理学辞典.　有斐閣.

大澤真幸　1994　意味と他者性.　勁草書房.

（大村 壮）

13 ■ 聖なる出会いに奉仕せよ

E. ゴッフマン『儀礼としての相互行為：対面行動の社会学〈新訳版〉』

浅野敏夫訳，法政大学出版局，2002 年

〈関連分野〉

社会心理学，会話分析，質的研究

Abstract　なにが書かれているのか

> さまざまな出会いに自分を捧げるように個々人を仕向けるような行為のい
> ろいろなルールこそはきわめて重要であること，そこにわたしたちは気づ
> かなくてはならない。それらのルールを守る人たちは，会話をともなう相
> 互行為に加わることができる人であり，さまざまな機会におけるさまざま
> な人びとのあいだの会話の相互行為こそは必要不可欠なものである。相互
> 行為あればこそ，社会は社会として機能するからだ。(p.139)

　人々が居合わせる場には，当人が自覚しているにせよ，していないにせよ，
秩序があります。例えば，人でいっぱいのエレベータに一人で乗り合わせたあ
なたをイメージしてみてください。あなたは狭い室内のどこに立ち，どこに視
線を向けようとするでしょうか。おそらく，なるべく壁際に立とうとして（そ
れがかなわなければ中央に立ち），扉か中央付近に体の前面を向け，視線は下に
落とすか，上部の階数表示に向けているのではないでしょうか。反対に，乗り
合わせた人に積極的に話しかけることや，その人の顔をじっと見たりすること
は避けようとするでしょう。こうした行動は，あなただけでなく，乗り合わせ
た人々がみな同様に守ろうとしているはずです。

　このように，人々の間であらかじめ約束が言葉で交わされたわけではないに

もかかわらず，そこにはなんらかの相互行為の秩序（interaction order）があるのです。ここで言う秩序とは，その場において「すべきこと」と「すべきでないこと」のリストをイメージすればよいでしょう。

「すべきこと」と「すべきでないこと」のリストは，時と場所によって変わります。ゴッフマン（Goffman, E.）によれば，どのリストが使われるのかを理解するには，次の3つの水準が必要です。第一は「集まり」（gathering）の種類です。集まりとは「直接的に居合わせているふたり以上の集合」（ゴッフマン，1980, p.20）のことを指し，焦点を持たないもの（unfocused）と焦点を持つもの（focused）という二種類があります。エレベータなどでただ居合わせただけの人々の集合が焦点を持たない集まり，会話をしたり一緒に仕事をしたりする集合が焦点を持つ集まりです。第二は「社会的状況」（social situation）の性質で，「そこに入ってくる人がそこにある（あるいはそこにできようとしている）集まりのメンバーになれるような，どこの場所にも存在している空間的環境」（p.150）のことを指します。そこは室内か屋外か，室内ならば広さはどのくらいか，座席がどう置かれているのか，空間を仕切るのはガラスか壁か，これらのことが状況の性質と人々の相互行為の仕方を決定します。第三は「社会的行事」（social occasion）で，「広範な社会的事象，行為，あるいはできごとであって，場所と時間が定められており，前もって場面の段どりが定められている」（ゴッフマン，1980, p.20）ものです。いわゆるイベントとよばれるものがそれで，例えば結婚披露宴やお葬式にはそれぞれ独自の「すべきこと」と「すべきでないこと」のリストがあります。

ではそもそも，そうしたリストに人々が従おうとするのはなぜでしょうか。本書によれば，それは人が持つ「面目」（face）を維持するためです。面目とは「ある特定の出会いのさい，ある人が打ち出した方針，その人が打ち出したものと他人たちが想定する方針にそって，その人が自分自身に要求する積極的な社会的価値」（p.5）のことです。

例えば，あなたが人通りの多い道を一人で歩いていて，つまずいて転んでしまうことをイメージしてみましょう。そのときあなたは立ち上がり何事もなかったかのような顔をして再び歩き出すでしょう。また，周囲の人々はあなたに声をかけるでもなく，直視するでもなく，歩き続けていることでしょう。もし

も子どもがあなたを指さして笑ったとしたら，それは「すべきでないこと」として大人からたしなめられるでしょう。このように，あなたを含め，この場にいる人々にとって，あなたが転んだという事実は「なかったこと」「見なかったこと」として扱うのが「すべきこと」なのです。

　ここからわかるのは，人は道を歩く際に，ただ移動しているだけでなく，同時に「自分は転ばずに歩くことのできる人間だ」という面目も守ろうと行為しているということです。また同時に，周囲の人々もあなたのそうした面目をつぶさないように行為しているのです。路上にて，人々は直接的にやり取りをしているわけではありません。しかし，そうした場面でも人々は互いに対する敬意を，協同的な具体的行為を通して示し合っているのです。

　ゴッフマンは，自己や他者の面目を守るためのこうした行為を特に「儀礼」（ritual）とよびました。儀礼というとなにか宗教的なニュアンスをイメージするかもしれません。彼によれば人は「聖なる」存在であり，人々は互いにその聖性を犯さないようふるまうために，この社会が争いに明け暮れることなく秩序だって成立しているのです。

　以上がごく簡単な本書の紹介ですが，ゴッフマンの社会理論が心理学とどのような関係にあるのか，ふれておきたいと思います（というのも，この本は「心理学理論ガイドブック」なので，これをお読みの皆さんはきっと心理学に関心をお持ちの方でしょうから）。

　ゴッフマンは社会学者でしたから，その主要な関心は個人の内面たる心理ではなく，個々人がつくる社会的なものにありました。社会をつくり出すのは個人ですから，パーソナリティなど心理的特性が無視されるわけではありません。しかし，彼にとっての社会は，パーソナリティの構造にも，さらには階級や生産様式といった巨視的な社会構造にも還元できない，それ自体が独自の構造を持つ生き物のようなもの，すなわち相互行為でした（安川，1991）。

　それ自体独立した構造として見るとはどういうことでしょう。例えば社会心理学では，集団で仕事をすると，単独の場合よりもはかどるといった現象が知られています（「社会的促進」とよばれるものです）。その原因として，社会心理学では個人の心理にそうした傾向があると説明するわけです。つまり実際の相互行為に先だって，集団における個人内の心理的変化があると見るわけで

140　13　聖なる出会いに奉仕せよ

す。しかしゴッフマンは逆に，相互行為を導く社会的な契機が先にあって，個々人はそうした要請にひたすら従っていると見なすのです（ヴァンカン，1999）。

　そうした立場からすると，自己（self）という概念は二重化されます。1つが，あなたはこのような人であってほしいと他者から要請され，自分でもそうイメージするところの自己，もう1つが，他者からの要請に従い身体的表現をコントロールする自己です。社会的存在としての人間においては両方が同時に機能している，というのがゴッフマンの人間に対する見方でした。同時に機能しているのですが，冒頭の引用からもわかるように，ゴッフマンにとって後者の自己には自由意志に基づいた能動性は認められないのです。そうではなく，その自己はただある出会いに対し象徴的な儀礼をもって奉仕すべく位置づけられているのです。

Background　どのように生まれたのか

　本書を著したゴッフマンはカナダ生まれの社会学者です。彼の学問的背景にはいくつかの学際的な潮流がありますが，ここでは大きく2つの起源，すなわち社会に対する考え方と，コミュニケーションに対する考え方の起源について説明します。

　まず，社会に対する見方の起源です。それは，デュルケーム（Durkheim, E.）に求めることができます。デュルケームは，コント（Comte, A.）が創始した実証的社会学に固有の研究対象を見出し，それを「社会的事実」（デュルケーム，1978）とよんだことで知られています。社会的事実とは，個人の心理などからは独立したところにあって社会的集団の行為を制約することがらを指します。ここまで読まれた方ならば，デュルケームの言う社会的事実として，ゴッフマンは相互行為の秩序を対象としたことがすぐに理解できるでしょう。

　ただ，それだけでは相互行為の秩序を独自の対象として彼が選択したことを説明できません。ゴッフマンが生きた環境を考慮する必要があります。

　ゴッフマンをコミュニケーションの研究に引き込んだのは，彼がトロント大学時代に師事したバードウィステル（Birdwhistell, R. L.）でした（ヴァンカン，

E. ゴッフマン『儀礼としての相互行為：対面行動の社会学〈新訳版〉』　141

1999）。バードウィステルは，文化は身体に刻み込まれていると述べ，キネクス とよばれる，身体運動の「文法」を探る領域を開拓した人物です。

　ゴッフマンは，コミュニケーションには言語的要素と身体的な表出的要素の 2 種類の要素が含まれていると指摘していますが，特に重視したのは表出的要素 でした（ゴッフマン，1980）。「われわれは，話しはやめることはできても， 身体表現によるコミュニケーションはやめることはできない」（同書，p.39） と述べたように，ある社会的状況に居合わせた人々は互いの身体に何らかのメッ セージを常に読み込みながら秩序を保とうとしているとゴッフマンは考えま す。こうした発想の起源はバードウィステルに由来するのです。

　しかし，日常的なコミュニケーションは社会学の対象として誰もが好んで取 りあげていたわけではありませんでした。どんな学問でもそうでしょうが，社 会学にもさまざまな理論や方法論が並び立っていたのです。そんななか，ゴッ フマンが大学院生として学んだシカゴ大学の社会学は，伝統的な特徴を持って いました。それは，「社会生活の生きた姿を行為者たちの行為によって」（宝月， 2010，p.45）描き出すという視点，およびそのための方法論です。

> アルコール消費について，ハーヴァードの学生が論文を書くと『西欧の社 会体制における文化的緊張解消の諸様態』となるし，同じ主題はコロンビ アの学生の手に掛かると『全国調査に基づいて解明されたアルコール消費 の潜在機能』となる。シカゴの学生には，それは『五五番街のバー・ジミ ーにおける社会的相互行為』である。（ヴァンカン，1999，p.55）

　上記の引用からわかるように，シカゴ学派社会学においては，巨視的な概念 や一般的理論を体系化するために実証的研究を行なうというよりも，むしろ都 市という生態的な環境における人々の具体的な行為から体系的理論をボトムア ップに立ち上げていくというスタイルがしばしば採用されました。そのための 方法としては，いわゆる質的研究，すなわち参与観察やインタビュー，テクス トやイメージの分析が採用されました。ちなみに，「ラベリング理論」で知られ るベッカー（Becker, H.），「グラウンデッド・セオリー」で知られるストラウ ス（Strauss, A.）などは心理学者にもなじみ深い研究者ですが，彼らはゴッフ

マンとともにシカゴで学んだ同世代の社会学者です。

　そうした伝統のもとで学んだゴッフマンは，実際にイギリスのとある島に住み込んで島民の社会的な生活についてエスノグラフィーを著したり，精神病棟に患者とともに寝泊まりし，そこでの人々の相互行為分析から彼が言う「全制的施設」（total institution）での社会的組織化過程を明らかにしたりしています（ヴァンカン，1999）。

　しかし同時に，ゴッフマンがシカゴ学派のなかでも特異な位置を占めていることにも注意すべきです。なぜなら，他の研究者が社会における制度，組織やその構造，そこでの役割や地位といったものに関心を持っており，それらの生成と維持のメカニズムを生きた社会的過程において見出そうとしたがために，結果として相互行為に注目するという傾向があったのに対し，ゴッフマンはむしろ相互行為そのものに関心を持っていたからです。

Creativity　なにが新しいのか

　ゴッフマンの新しさとしておそらくもっともよく知られているのは「ドラマトゥルギー」，すなわち演劇論を枠組みとした社会理論を提出したことでしょう。ある公共的な場面において，人は自分に何らかの「役割」を付与し，周囲の他者を「観客」として見立て，その観客が役割通りの印象を自分に対して持つように「演技する」というものです。

　ただ，ゴッフマンの研究史を見たとき，演劇論の用語で社会のしくみを説明することに彼はさほどのこだわりを見せていません。実際に，演劇論的な分析を収めた『行為と演技』の最後の章で，「この報告の関心事は，日常生活に忍び込んでいる劇場的諸側面ではない」（ゴッフマン，1974，p.300）と述べています。

　演劇論の用語を駆使して彼が行なおうとしたことは，「社会生活において，人びとが互いに直接肉体を持った者として人前にでたときに存在し始めるようなさまざまの事象の構造」（ゴッフマン，1974，p.300）を明らかにすることでした。日常生活において人々が身を置き合うところに生まれるごく些細なやり取り，すなわち相互行為こそが，ゴッフマンが描こうとした社会であり，同時

に，社会が生まれるメカニズムそのものだったのです。

　このことを確認したうえで，ゴッフマンの思想の独特さについて，子どもの社会化という観点から，シカゴ学派以外の社会学理論と比較しながらきわだたせてみたいと思います。

　社会化（socialization）とは一般に，社会的に未熟な存在が一人前になっていく過程を指します。このことを社会学の理論体系の中に不可欠な要素としてはじめて取り入れたのは，パーソンズ（Parsons, T.）でした（石飛，1993）。彼によれば，社会化は複数のシステムの間の相互作用として説明することができます。第一が「社会システム」で，これは実際のコミュニケーションの展開のことです。第二の「文化システム」は実際の展開を生み出す要素としてのコミュニケーション・パターンです。そして第三は「パーソナリティ・システム」で，これは個人の内面に形成されたもののことです。パーソンズは，これらのうち文化システムがパーソナリティ・システムに「内面化」されることを社会化として捉えました（高旗，2005）。そのうえで，内面化された秩序としての文化システムにより，現実の社会システムにおける秩序だった展開がもたらされると考えたのです。

　このようなパーソンズ的社会化論に対して，ゴッフマンの社会理論はどのような点で異なるのでしょうか。一番の大きな違いは，内面化過程よりもむしろ，相互行為の円滑な達成がいかになされているかということに重点を置いていることにあると思われます。ゴッフマンの社会理論にとって，個々人の内面にある心理的な構造はたいして重要ではないのです。未熟な存在が行なうべきことは「彼に与えられそうなどんな役回をも〈埋め〉多少なりとも操ることができるぐらいには，表現のさまざまな断片を習得すべきだということ」（ゴッフマン，1974，p.85）だけで，文化システムを自家薬籠中のものとすることは必要ないのです。

　というのも，ゴッフマン的な人間とは，社会的な出会いに奉仕し，互いの面目をつぶさないよう協同的に行為することを目標とする存在ですから，内面に何らかの文化システムを「正統なもの」として取り込んでしまった存在は，相互行為の場面ではむしろ融通の利かない頑固者であり，参加者の面目をつぶす結果となってしまうのです。

現在の日本に住む私たちにとって、子どもたちを社会化させる主要な場所が学校だというのは異論のないところでしょう。そこでは、子どもたちに適切な文化システムを内面化すべくさまざまな実践が行なわれています。近年、道徳教育を重視する動きが高まってきていますが、パーソンズ的に理解するなら、社会システムの混乱の原因を若年者における文化システムの内面化の失敗として捉えているからかもしれません。

ゴッフマンの社会理論に基づくなら、学校という出会いの場において人々はいかにしてお互いの面目をつぶさないようにふるまっているのかに注目すべきだということになります。そこでは、教師は教師らしく、生徒は生徒らしくふるまうことが互いを尊重する儀礼的行為のすべてです。生徒は基本的に無知を外的に呈示し、おとなしく教師の話を聞いていなければならないのですが（そうでなければ教師の面目がつぶれます）、それができている限りにおいて、ゴッフマン的には生徒はすでに社会化されているのです。そう考えると、本当に社会化が必要な存在、授業という社会的行事に参加するために必要なふるまいをしない者には「生徒」以外の役名が必要になってくるかもしれません。例えば、「学習障害」のような役名が想定できます（Varenne & McDermott, 1998）。

Direction　なにに使えるのか

ゴッフマンの社会理論は、読む人によっては非常に辛辣で、嫌みにすら感じられるかもしれません。しかし、相互行為の秩序を明らかにするという彼のプログラム（Goffman, 1983）は、その後の社会学のさまざまな理論に継承されていきました。

相互行為の秩序という考え方は、後に「会話分析」とよばれる社会学の分析枠組みに影響を与えました。会話分析を創始したサックス（Sacks, H.）らの基本文献（Sacks et al., 1974）では、人々が相互行為の秩序を保とうとする行為の一環として会話を考えるべきだというゴッフマンの主張が会話分析の前提的な考え方となっていることが明示されています。サックスらは、日常的な会話において参加者の発言がめったに重なり合うことがなく、発言できるのは一度に一人というルールが守られているように見えるためにはどのような社会的な

システムが駆動していると考えられるのかという問題に取り組みました。「会話の順番取りシステム」として知られるそのルールは，ゴッフマンの言う「小さな社会システム」（p.116）としての会話を成り立たせる秩序の一部として理解できるでしょう。

さらに，ゴッフマンがコミュニケーションにおける身体的な表出を重視していたことをふまえ，会話分析から派生して生まれた相互行為分析では，対話する人々の視線や身振りが会話の進行を組織化していることを示してきました（Goodwin, 1981）。

そのように考えると，ゴッフマンの理論は心理学の方法に再考をうながすこととなるでしょう。例えばインタビューは，被調査者の隠れた内面を明らかにする窓として，近年質的方法として多用されるように思われます。この方法では，データとされるのは被調査者の発言のみであって，インタビューが行なわれた会話の場にあったさまざまなもの，すなわち室内のセッティングや調査者自身の発話（「それからどうしました？」「ふんふん」といった），あるいはインタビューという会話の参加者による言語以外の表出的行動といったものはすべて捨象されます。

しかし，会話分析や相互行為分析が明らかにしてきたように，会話は参加者たちの身体的行為を含めた協同的な達成です。ゴッフマンが強調したのもその点にありました。被調査者の内面を明らかにするとされる言語データは，ゴッフマンにかかれば，「インタビュー」という社会的行事において出会った人々の面目を維持するために現れた，つまり，その場にいる人々が被調査者と調査者という役割を自分から引き受けたり，あるいはお互いに押しつけあったりした結果として現れた相互行為の一部として見なすことができるでしょう。

調査という社会的行事では，被調査者はもとより，調査者も特権的な参加者ではなく，その出会いを破綻なく進めることにひたすら奉仕する下僕にすぎないのです。これから心理学的な調査を企画したり，分析したりしようとする方は，そのことを肝に銘じておくべきかもしれません。

文　献

デュルケーム，E.　宮島 喬（訳）　1978　社会学的方法の規準．岩波書店．

ゴッフマン，E.　石黒 毅（訳）　1974　行為と演技：日常生活における自己呈示．誠信書房．

ゴッフマン，E.　丸木恵祐・本名信行（訳）　1980　集まりの構造：新しい日常行動論を求めて．誠信書房．

Goffman, E.　1983　The interaction order. *American Sociological Review.* 48. 1-17.

Goodwin, C.　1981　*Conversational organization: Interaction between speakers and hearers.* New York: Academic Press.

宝月 誠　2010　シカゴ学派社会学の理論的視点．立命館産業社会論集．45（4）．45-65.

石飛和彦　1993　「社会化論」的問題設定について．京都大学教育学部紀要．39. 382-392.

Sacks, H., Schegloff, E. A., & Jefferson, G.　1974　A simplest systematics for the organisation of turn-taking for conversation. *Language.* 50. 696-735.

高旗正人　2005　パーソンズの子ども社会化パラダイムの検討．中国学園紀要．4. 43-51.

Varenne, H. & McDermott, R.　1998　*Successful failure: The School America builds.* Boulder, Co: Westview Press.

ヴァンカン，Y.　石黒 毅（訳）　1999　アーヴィング・ゴッフマン．せりか書房．

安川 一（編）　1991　ゴフマン世界の再構成：共在の技法と秩序．世界思想社．

（伊藤　崇）

14 ■ 動機は社会をうつす鏡である

C. W. ミルズ『権力・政治・民衆』
青井和夫・本間康平監訳, みすず書房, 1971 年

〈関連分野〉
動機づけ, コミュニケーション, 社会

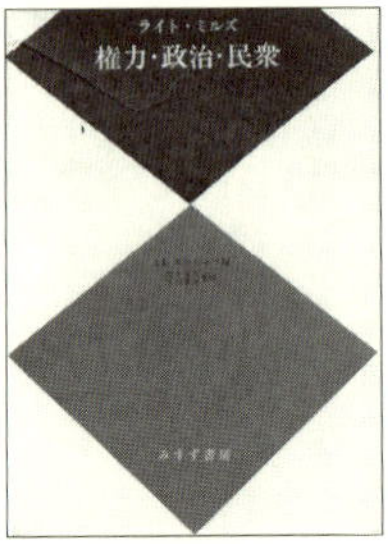

Abstract なにが書かれているのか

　現代において, 人間の行動の「動機」は非常に関心を集めています。凶悪犯罪が起こればその犯罪者の犯行の動機がテレビなどで報道されて問題になりますし, 勉強しない子どものやる気は親や教師からすると一番の関心事と言えるでしょう。その際, 犯罪者は犯行の動機があって凶悪犯罪にいたったと視聴者は思いますし, 子どもはやる気が無いから勉強しないと親や教師は思います。こうした犯罪者の犯行の動機や子どものやる気は考えれば考えるほど不思議です。犯罪者が犯行の動機を述べても, 「いや, 本当の動機があるはずだ」とマスコミも視聴者も騒ぎ立てます。勉強しない子どもが「やる気がある」と言っても親や教師は簡単には認めません。本人が言っているのならば, それが個人の行動の動機ではないかと思うのですが, どうもそうではなさそうです。さらに言うなら, 犯罪者は自身の犯行の動機を, 勉強しない子どもは自身のやる気をきちんと把握できているのでしょうか。

　そもそも「動機」とはなんなのでしょうか。心理学では動機があるから人間は行動すると考えます。みなさんにも違和感がない見方と言えるでしょう。一般的に「動機」は「きっかけ」という意味で用いられますが, 心理学では, 「行動の原因」になって行動を起こし, 目標に向かわせる力を言います（青柳, 2002）。この「行動の原因」を探るのが動機づけ[1]と言われる心理学の研究分野です。ですので, 心理学の動機づけ研究では, 図 14-1 のように個人内部にあ

148　14　動機は社会をうつす鏡である

図 14-1　伝統的な心理学の動機づけモデル（大久保・黒沢，2003 より）

る実体としての動機が源泉となって行動を引き起こすと考えます（大久保・黒沢，2003）。わかりやすく言えば，行動の原因である動機が個人の内面にあると考える見方と言えます。

　実は，動機に対して，行動の源泉としての伝統的な心理学の見方とはまったく別の見方をすることが可能です。なぜなら，人は行動をする前に自身の行動に対する動機を常にわかっているわけではないからです。なんとなく行動をして，後からその行動を説明するために動機を考え，他者から理解や納得されやすい動機を表明することもよくあります。イメージのわかない人は，動機が問題にされるときを考えてみるとわかりやすいかもしれません。多くの場合，動機が問題になるときとは，行動を説明しなければならないときです。例えば，なにか犯罪を行い，警察に捕まると，行動を説明するために動機が尋ねられます。警察に捕まった経験のある青年に話を聞いたところ，捕まった後にその行動の動機を警察と一緒に考えたことがあるそうです。ここで警察と一緒に考えた動機は，行動の源泉ではないことは明らかですし，考えられた動機は警察が納得できるものでなくてはなりません。警察に捕まらなくても日常生活の中で，後から行動の動機を考え，動機を表明しなければならないことは多々あります。

　ミルズ（Mills, 1940）はこのような視点に立ち，本書『権力・政治・民衆』の中の「状況化された行為と動機の語彙」において伝統的な動機づけ研究を批判し，動機の語彙論を展開しました。ミルズは社会学者であり，本書『権力・政治・民衆』はミルズの執筆した論文の論文集です。ミルズは，『ホワイト・カ

──────────

1) **動機づけ**　動機づけは「生活体の行動を生起させ，維持し，方向づける過程」と定義され，心理学の動機づけ研究では動機と行動の関係について検討され，どのような動機から行動に至るのかが問題とされる。

ラー』(Mills, 1951) や『パワーエリート』(Mills, 1958) などの著作を通して，当時のアメリカの社会構造を明らかにする研究を行っています。ミルズは，社会構造と個人的問題との関わりの解明（三浦，1989）を目指していましたが，本章で焦点を当てる動機の語彙論についても，こうしたミルズの社会学的営為に位置づくものであると言えます。

　本書『権力・政治・民衆』の中の「状況化された行為と動機の語彙」において述べられているミルズの動機の見方は，個人の内部の実体としての動機が行動を導くとする伝統的な動機づけの見方とまったく逆の見方と言えます。この見方では，動機は個人内部にある実体ではなく，言語によって構成されるもの，すなわち，コミュニケーションにおける語彙として捉えられます。わかりやすく言えば，動機は「合言葉」(Mills, 1940) として考えられるわけです。つまり，動機の語彙を用いた説明がなされたときに，人はたやすく行動を理解・納得できると考えるのです。

　さて，ここで1つ疑問が湧いてきます。前述のように，動機の語彙は行動を理解・納得するためのものと言えます。しかし，メディアでは，青少年が犯罪をしたとき，動機が理解・納得できないものを指して「動機なき犯罪」や「不透明な動機」という言葉を用います。これらはなんなのでしょうか。実は，これらもれっきとした動機の語彙なのです（宝月，1990）。これらの言葉を用いることで，青少年の犯罪に対して「理解・納得できない動機がある」と私たちは納得しているのです。最近，用いられることの多い「心の闇」という言葉も同様です。「心の闇」などというよくわからないものが犯罪を起こさせているわけではありません。実際には原因となっていなくても，「心の闇」という語彙によって青少年の犯罪が説明され，それによって犯罪は理解・納得されているのです（大久保，2008）。

　また，ミルズは個人の動機は社会化の過程で内面化されることを示唆しています。社会の動機の見出し方，つまり動機の理解・納得の仕方が個人の動機を形作ると考えるのです。個人の動機とは社会における動機の語彙が内面化されたものというわけです。したがって，個人と社会を考えると，常に社会の方が先行していると言えます。

　まとめると，ミルズは心理学の動機づけの見方と異なる動機の見方を提案し

たのです。ミルズの動機の語彙の特徴として，①個人の動機は内部にはなく，外在し，付与されるものであり，②動機は言語によって構成され，コミュニケーションにおける語彙であり，③個人の動機はこの動機の語彙が内面化されたものであるということがあげられます。このように考えると，動機づけとは，動機付与による人間関係・社会関係の修復・維持であると見なせるのです（伊奈, 2010）。それでは，こうしたミルズの動機の捉え方はどのような背景から生まれたのかについて見ていきましょう。

Background　どのように生まれたのか

　まずは，動機の語彙論が提案された当時の心理学の動機の見方について見ていきましょう。当時の心理学では，マレーら（Murrey et al., 1938）の動機リストのように研究者が人間の行動を説明するために数多くの動機を考えました。マレーらは，本能のリストを参考に達成動機や親和動機，自律動機，防衛動機，服従動機など数多くの動機をあげています。このように心理学者がさまざまな動機を考えていたという時代背景があったと考えられます。また，当時は言葉に出された動機などは重視されていませんでした。フロイト派の心理学者は，表明した動機よりも表明されない本当の動機があると考えていたのです。当時は，こうした視点から本当の動機を求める人が後を絶たなかったのです（伊奈, 2010）。つまり，社会的状況を離れて，深層の動機へと向かう精神分析的な動機の見方が当時の主流であったと言えます。こうした時代背景の中で，ミルズの動機の語彙論は生まれたのです。

　次に，動機の語彙論の特徴である，①動機を個人内部の実体として見ない動機外在・付与論の視点，②動機を語彙として捉え，言語を重視する視点，③個人の動機は動機の語彙が内面化されたものと捉える視点の背景について見ていきましょう。

　実は，動機内在論から動機外在・付与論への転換はミルズのオリジナルというわけではありません。そこには，ウェーバー（Weber, M.）の動機概念の影響を見てとることができます。ミルズはガース（Gerth, H. H.）と連名で，ウェーバーについての著作を紹介しているように（ガース・ミルズ, 1962），ウェーバ

一の理論に精通していました。ミルズに先んじて，ウェーバーは「動機とは，行為者自身や観察者がある行動の意味のある根拠と考えるような意味連関を指す」と述べ，動機を見出すという動機の社会性について明らかにしています。ただし，ウェーバーとミルズの動機概念の違いは，誰が動機を見出すのかという点で異なります。ウェーバーの動機概念は社会的行為一般の理解と説明を目指す学者の立場，いわば専門的な観察者の立場から構成された理念型であって，普通の人々が日常生活の中で用いているものではありません（井上，1986，2008）。つまり，専門的な観察者が動機を理解するのです（伊奈，2010）。一方，ミルズは，普通の人々が行為者あるいは非専門的な観察者として，日常生活の中で起こるさまざまな具体的な行為に対して，既存の語彙を用いて動機を付与し合いながら，相互作用を営んでいる側面に注目したのです（井上，1986，2008）。つまり，行為者と観察者を同一状況に置き，特権的な観察者を想定していないのです。このように，動機を見出す人間を日常生活を行っている普通の社会一般の人々とし，ミルズはウェーバーの動機概念を引き継ぎ，拡張したのです。

　動機を語彙として捉え，言語を重視する視点の背景について語る際，バーク（Burke, K.）の著作『永続と変化』との関係ははずせないでしょう（西川，1991）。動機を言語と結びつける立場は，すでにバークによって示されていました。バークの著作の中で，「感情と動機の語彙」という表現が用いられていように，ミルズに先立ち，バークも行為の原因を「人間の内側」に見る立場を批判し，「動機を状況として検討」することを提案しています。動機はパターン化された語彙により，「おおまかに説明される」としたところがバークの議論のポイントであると考えられています（伊奈，2010）。したがって，ミルズは，バークの影響を受け，動機の語彙という言語を重視する視点に立ち，動機を社会的な状況伝達の「合言葉」として捉えていったのです。

　個人の動機は動機の語彙が内面化されたものと捉える視点には，ミード（Mead, G. H.）の影響がはっきりと見てとれます。社会的相互作用を通して内面が形成されるというミードの発想は，社会的相互作用を通して動機の語彙が内面化されるというミルズの動機の語彙論に明確に影響していると言えます。この動機の語彙は社会的相互作用を通して内面化され，一般化された他者の構成要素となるという発想（西川，1991）においてもミードの影響は見てとれ

ます。ただし，ミードの言う一般化された他者が社会全体であったのに対して，ミルズは一般化された他者を選択された社会の断片として捉え，動機の語彙を全社会に一般化され，共有されるものとは考えていませんでした（伊奈，2010）。ミルズは動機の語彙が社会や時代によって異なるものであると考えていたのです。

　以上のような背景がからまり，ミルズは当時の心理学の動機の見方に一石を投じ，普通の社会一般の人々に焦点を当てた動機外在・付与論を提案し，言語を重視してコミュニケーションにおける語彙として動機と捉え，個人の動機についてもこれらが内面化されたものとして捉えたのです。それでは，ミルズの動機の語彙論のどこに面白さがあるのか，その独自性について見ていきましょう。

Creativity　なにが新しいのか

　ミルズの動機の捉え方の面白さとはなんなのでしょうか。ミルズの動機の捉え方の一番の面白さは，制度や歴史など社会的なものが動機の語彙に内在していると考える点にあると思います。このように考えると，動機は社会を映し出す鏡であると言ってもいいのではないでしょうか。

　ミルズの動機の捉え方の面白さは，個人の動機が実は今のその社会で通用する語彙でしかないことを明らかにし，動機の語彙は社会の動機の問い方を反映しているという意味で常に社会の影響を受ける点にあると言えます。動機の語彙は限られた社会的状況を離れてはなんら価値を持たないのです（藤原，2008）。常に社会の影響を問う発想はミルズの有名な社会学的想像力という概念にも見てとれます。社会学的想像力とは，われわれ自身の身近な状況を全体の社会構造に結びつけ，その文脈において現実の問題を明らかにする能力を意味します（船津，1972）。社会学的想像力を提案するのは，動機の語彙論の後になりますが，「社会学的想像力」のなかで私たちの日常生活が実は社会の支配を受けており，これを暴露することの重要性をミルズは指摘しています。例えば，現代では心理主義化という用語で表されているように，個人の内面，すなわち動機などが重視されます。犯罪が起きたときに過剰に動機に関心が集ま

るのは，現代社会の特徴と言えるでしょう。広田（1994）が指摘しているように，昔は動機に関心が払われませんでした。つまり，動機を問題にする状況というのは現代社会の動機の見方を映し出していると言えます。

　ミルズについてはさまざまな研究がなされ，動機の語彙論は社会学では再評価されていますが，心理学の動機づけ研究ではあまり評価されていません。あまり考慮されてこなかったと言っても過言ではないでしょう。ですので，次に心理学におけるこの動機の捉え方の面白さについて検討していきましょう。

　ミルズの動機の語彙はいまだに心理学の研究に対してそのインパクトを保っていると筆者は考えます。心理学に対する面白さについては，3つ考えられます。1つ目は，動機の社会的機能に注目したことです。2つ目は，動機が個人ではなくコミュニケーションに還元されることです。3つ目は，社会によって変化するため普遍的な動機が想定できなくなることです。

　1つ目の動機の社会的機能に注目したことについて考えていきましょう。一般に行動の原因（Why）を研究するのが動機づけ研究と言われていますが，どのように（How）動機が社会的に機能するかを重視したことが面白さと言えるでしょう。個人の動機においても社会の動機の問い方が常に流れ込んでいて，私たちはそこから逃れられないと言えます。ここには大きな転換があると言えます。心理学は，なぜ個人が行動を起こしたのかに注意を払い，社会一般の人々がどのように動機を見出し，付与するのかという動機の社会的機能を研究することについて，あまり注意を払ってきませんでした。この社会的機能の仕方自体が研究対象となるという点が面白さと言えます。

　2つ目の動機がコミュニケーションに還元されることについて考えていきましょう。ミルズの動機の捉え方では，動機は個人に還元されず，コミュニケーションに還元されますので，動機の成り立ちや変化が問えることが面白さと言えます。心理学の動機づけ研究では，普遍的な動機が実体としてあることが前提ですので，動機の成り立ちは問えませんし，動機が変化することも問いにくいのです（大久保・黒沢, 2003）。また，動機がコミュニケーションに還元されるという立場は，本当の動機とはなにかという議論にも示唆を与えてくれます。本当の動機はあるのでしょうか。動機は合言葉なわけですから，ミルズは本当の動機などというものはないと述べています。なぜなら，動機は見出され

るものであって，理解・納得の前に表明されないものは動機とはならないからです。

　3つ目の社会によって変化するため普遍的な動機が想定できなくなることについて考えてみましょう。人はあいまいなものに対してコミュニケーションの中で動機を想定し，理解や納得していきます。しかし，理解・納得させる動機は社会や時代によって変わることからも，普遍的な動機は想定できなくなります。例えば，青少年の殺人の動機は社会や時代によって説明のされ方が異なることが広田（2001）によって示されています。したがって，普遍的な動機は想定できなくても，動機を想定し，見出すという行為はなくならないと言えます。ただし，この場合，誰を理解・納得させる動機なのかを考える必要があります。おそらく，理解・納得させる対象は社会一般ではなく，選択された社会です。このようにして，青少年が動機を表明しても大人が理解・納得できないということが起きるわけです（大久保，2008）。つまり，青年の表明する動機の語彙は大人や社会を納得させるものではないからです。青年の目は社会や大人に向いておらず，仲間に向いているので，青年は社会や大人に理解できるように説明するつもりがないのです。したがって，大人から認められる動機と仲間から認められる動機は異なってくるのです。このように，動機を表明した際に受け取り手を常に考慮する必要があるという点が面白さと言えます。

　このようなミルズの動機の捉え方は，心理学の動機づけ研究にいまだに非常にインパクトを持っていると言えます。そして，この動機のとらえ方は，心理学の動機づけ研究を否定するものではなく，それらを包摂する視点と言えるのです。それでは，こうした動機の捉え方はどのように応用でき，なにに使えるのでしょうか，その応用可能性について見ていきましょう。

Direction　なにに使えるのか

　ミルズの動機の捉え方を応用するとどのようなことが可能になるのでしょうか。まず，現代の動機づけ理論への応用について考えてみましょう。次に，応用した際の新たな動機づけ研究の方向性についてどのような示唆があるのか見ていきましょう。最後に，動機づけ研究の実践への応用についても考えてみま

C. W. ミルズ『権力・政治・民衆』　**155**

図 14-2　近年の心理学における動機づけモデル（大久保・黒沢，2003 より）

しょう。

　まずは，現代の動機づけ理論への応用について考えてみきましょう。ミルズの動機の捉え方を応用すると現代の動機づけ理論自体がこれまでと変わって見えてくるかと思います。最近では心理学の動機づけ研究においても，社会的状況を考慮してこなかった反省から，個人の動機づけに影響を及ぼす要因として社会的文脈が注目されるようになってきました（青柳，2001; Ryan & Deci, 2000）。図14-2のように，社会的文脈の影響によって個人内部の動機が変化し，この動機によって行動が起きると考えるモデルが流行しつつあります。社会的文脈とは，例えば，自己決定理論[2]でいえば自律性を重んじる雰囲気などを意味する自律性支援などの変数がこれにあたるでしょう。しかし，この場合の社会的文脈とは，非常に矮小化された変数と言えます。こうしたモデルは動機が個人内部にあり，実体視されるという批判から免れません（大久保・黒沢，2003）。しかし，ミルズの動機の捉え方を応用すると，こうしたモデルの検証だけでなく，どのような社会的状況の中でこうしたモデルを見てしまうのかが問題となるのです。

　さらに，流行している動機づけ理論に対してミルズの動機の捉え方に基づいた捉えなおしも可能です。最近の動機づけ理論の一大潮流として自己決定理論が有名ですが，この理論を捉えなおしてみましょう。自己決定理論では，自律的な動機づけは普遍的なものと捉えていたのに対し，ミルズの理論では，自己決定理論が重視する自律的な動機づけ自体，自己決定が重視される現代の社会を反映していると捉えることができ，社会的状況も含めた分析も可能になりま

───────────────

2）自己決定理論　自己決定理論（Ryan & Deci, 2000）とは，自己決定性の概念を核としてさまざまな領域における動機づけを捉える包括的な理論的枠組みである（岡田，2010）。

す。また，自己決定理論では動機は生得的なものと捉えていたのに対し，ミルズの理論では，コミュニケーションとして動機を捉えるため，生得的かという議論は成り立ちませんし，動機を実体であるように見てしまうことこそが社会の影響を受けているとも言えます。このようにミルズの理論に基づくと，流行している動機づけ理論が考慮してこなかったものも見えてくるのです。

　次に，ミルズの動機の捉え方を応用した際，心理学の動機づけ研究でどのような研究が可能になるのでしょうか。これまでのような動機が行動に至るプロセスだけでなく，動機が問題となるプロセス，どのように他者なり，自身が動機を見出していくのかを探っていく必要性が出てくると言えるでしょう。したがって，個人の動機を探るだけでなく，社会が個人の動機をどのように見出すかや，個人が社会に対してどのように動機を表明するのかについても研究の対象となるのです。個人がどのように動機を表明するのかについては，帰属理論との接点も考えられます（井上，2008）。こうした帰属理論を応用したJuvonen & Murdock（1995）の研究や大久保ら（2000）では，学業成績をどのように説明するかを検討しています。その結果，他者によって説明の仕方を変え，自分自身がどう思っているかは別として，他者から承認されやすい動機を表明することが明らかとなっています。このように他者から承認されやすい動機とはなにかを検討することも必要になるでしょう。したがって，表明した動機がなぜ本当の動機として認められないのかも含めて他者がどのように理解・納得するのかというプロセスも研究していく必要があるでしょう。

　このように考えていくと，どのような動機を表明するかという個人から見た動機の視点だけではなく，どのような動機が受け入れられるのかという社会から見た動機の視点まで拡張して捉えていく必要があるでしょう。例えば，犯罪・問題行動について言うならば，個人がどのような動機を表明して正当化をしているのかだけでなく，どのような動機の表明による正当化が社会的に許されるのかまで研究することが必要でしょう。犯罪・問題行動の動機の研究をする際には，どのような動機が受け入れられるのか（大久保・加藤，2006），さらに誰にはその動機が理解できるのか，その動機にはどの集団の語彙が内面化されているのかなども研究の対象となるでしょう。したがって，ミルズの動機の捉え方を応用すると，個人の動機の捉え方に限らず，社会の動機の捉え方も含

めて，心理学の動機づけ研究では個人と社会をセットで捉え，常に個人と社会の両面から動機を捉えていくように変わると言えます。

　最後に，心理学の動機づけ研究の実践への応用について考えてみましょう。動機を高める，つまりやる気を高めることを考える場合，動機は実体として捉えられています。しかし，動機は実体ではなく，コミュニケーションのなかで見出され，語彙として考えることも可能なわけですから，高めるようなものではなく，どのように見出されるかを問うことが重要になります。動機の研究をしていると言うと，親や教師からやる気を高める方法を教えてくださいと言われます。どのような行動からやる気（動機）を見出しているのか，これをまず自覚することのほうが先決だと考えられます。教師の動機の見方には社会の動機の見方が反映されているわけですから，やる気を出す仕組みよりもやる気を見出す仕組みを考えたほうが，いいのかもしれません。例えば，挙手をしない子どもはやる気がないというように教師に見られたりします。そこには，教室ではやる気のある子どもは挙手をするはずだという教師の見方が影響しています。コミュニケーションに還元される以上，子どもの内部の問題ではないため，教師が自分が見出すやる気とはなにかを考えることが重要となってきます。教師がやる気の見出し方を変える，つまり，どの行動がやる気の現れと見なすのか，例えば，挙手をしない子もやる気はあるというように見方を変えると，やる気が無いと見えていた子どももやる気があるように見えてくる可能性があります。そして，子どももそうした枠組みでやる気を見出すようになると，生徒自体のやる気の評価も変わるでしょう。したがって，やる気を高める（実際にはやる気を見出す）には，自身のやる気の見出し方について自覚的になることが必要だと言えるでしょう。

　こうした私の心理学における動機の語彙論についての論考はいかがでしたでしょうか。この章の執筆の「動機」を理解・納得していただけたでしょうか。もし，理解・納得していただけるのなら，ミルズの動機の語彙論をあまり考慮してこなかった心理学の動機づけ研究も今後さらに発展し，社会に開かれていけるのかもしれません。

文　献

青柳　肇　2001　Social Motivation の発達研究.　日本発達心理学会第12回大会発表論文集. S74.

青柳　肇　2002　認知発達支援の技法.　田島信元・子安増生・森永良子・前川久男・菅野　敦（編）認知発達とその支援.　ミネルヴァ書房. Pp.230-244.

藤原信行　2008　「動機の語彙」論再考：動機付与をめぐるミクロポリティクスの記述・分析を可能にするために.　コア・エシックス. 4. 333-344.

船津　衛　1972　C・ライト・ミルズの知識社会学.　山口大学教育学部研究論叢. 21. 31-49.

ガース, H. H. & ミルズ, C. W.　1962　山口和男・犬伏宣宏（訳）マックス・ウェーバー：その人と業績.　ミネルヴァ書房.

広田照幸　2001　教育言説の歴史社会学.　名古屋大学出版会.

宝月　誠　1990　逸脱論の研究：レイベリング論から社会的相互作用論へ.　恒星社厚生閣.

伊奈正人　2010　動機の語彙論と知識社会学：動機付与論から「動機論の動機論」へ.　東京女子大学社会学会紀要. 38. 1-24.

井上　俊　1986　動機の語彙.　作田啓一・井上　俊（編）命題コレクション社会学.　筑摩書房. Pp. 30-35.

井上　俊　2008　動機のボキャブラリー.　井上　俊・伊藤公雄（編）自己・他者・関係.　世界思想社.

Juvonen, J. & Murdock, T. B.　1995　Grade-level differences in the social value of effort: Implications for self-presentation tactics of early adolescents. *Child Development*. 66. 1694-1705.

Mills, C. W.　1940　Situated actions and vocabularies of motive. *American Sociological Review*. 5. 904-913.

三浦雄二　1989　批判的社会学とC. W. ミルズ.　三田商学研究. 31. 1-16.

Murrey, H. A., Barrett, W. G., & Homburger, E.　1938　*Exploration in personality*. New York: Oxford University Press.

西川珠代　1991　社会学における「動機」概念の変容：ウェーバーの動機理解と「動機の語彙」論の動機付与.　ソシオロジ. 36. 63-79.

岡田　涼　2010　自己決定理論における動機づけ概念間の関連性：メタ分析による相関係数の統合.　パーソナリティ研究. 18. 152-160.

大久保智生・青柳　肇・松岡陽子・黒澤雄介　2000　中学生における自己呈示の技法（2）.　日本パーソナリティ心理学会第9回発表論文集. 84-85.

大久保智生・加藤弘通　2006　中学生はどのように問題行動を正当化しているのか？：中学生の問題行動の動機に関する研究.　季刊社会安全. 61. 17-30.

大久保智生　2008　動機の語彙が増える青年期.　都筑　学（編）やさしい発達心理学.　ナカニシヤ出版.

大久保智生・黒沢　香　2003　関係論的アプローチによる動機づけ概念の再考.　心理学評論. 46. 12-23.

Ryan, R. M. & Deci, E. L.　2000　Self-determination theory and the facilitation of intrinsic motivation, social development, and well-being. *American Psychologist*, 55. 68-78.

（大久保智生）

15 ■ 優等生心理学からの脱却―陳省仁氏にきく―

●陳省仁（ちん・せいじん）氏プロフィール

1946年台湾・新竹県生まれ。国立政治大学法学部卒業。兵役を経て政治大学の助手として2年間勤務した後，オックスフォード大学のセント・エドモンド学寮に入り社会人類学研究所修士課程を修了。1975年に念願の来日を果たし，広島大学大学院修士課程を修了，北海道大学教育学部の三宅和夫氏の下，発達心理学博士後期課程を経て北海道大学教育学部の教員となる。以来26年余り勤務して2010年に退職。北海道大学名誉教授。現在は札幌市内の光塩学園女子短期大学で「心理学の世界」を担当している。

インタビュアー：川田　学・伊藤　崇

■ 初発の問題意識

川田（以下K）：陳先生はいろいろな学問の背景をもたれていたり，いろいろな場所で学ばれていたりして，なぜ最終的に心理学のところへ辿り着かれたのかにすごく関心があるところなんです。まずそのあたりから少しうかがっていきたいと思います。

陳（以下C）：台湾では，大学に入る前の統一試験のときに，希望する大学を選択して，試験の点数で振り分けられる制度でした。

K：入学する大学が振り分けるんですか？

C：いいえ，試験委員会が。だから，全国の統一試験ですよ。

K：一校ずつ受けるんじゃないんですね。

C：高校生の僕には，正直な話，どの大学に何があって，学問にはどのようなものがあるか，実はよくわからなかったし，自分がなにをやりたいかもよくわからなかった。第一志願をどの大学にしたかも覚えていない。絶対に行きたい大学とか，そういうのはなかったと思います。そうじゃない人もいたかもしれないけど，多くの人はそういう感じだったんじゃないかな。それで発表の日になると，国立政治大学の公共行政だと。公共行政？　それ何だろう？って，そのとき僕は全然わからなかった。

K：それで政治大学の公共行政学部に。

陳省仁氏
あるとき，心理学というのは思想なんだという結論にたどりついたんです。

C：そう。でも，少し経つと自分は心理学を勉強したかったのだと感じて，他の学科の聴講生に行きました。そのときは政治大学にはまだ心理学科はなかった。ただ，いくつか心理学の授業がありました。それらの授業を熱心に受けて単位を取りました。あとは人類学の授業も。政治大学では人類学の授業があって，僕も受けに行ったんです。自分は将来，心理学，もしくは behavior science をやりたいと。

1968 年に卒業してからも，母校の助手をしながら台湾大学の心理学科に聴講しに行ったり。とにかく自分はそういう方面に行きたくて，心の中にずっと心理学への憧れみたいなものがあったと思う。

僕をすごく可愛がってくれた先生がいたんですが，その先生はシカゴ大学で学位を取ったような人で，ご専門ではないけど僕たちに英語を教えていた。その先生は，体制側じゃない人間でね，僕に台湾社会の政治性に気付かせてくれた。話しているなかで，僕が今すごく興味があるのは，台湾社会の状況だと言うと，当時の台湾の社会的構成の複雑さと研究者がうっかり政治的立場を表明することの危うさに懸念を示された。

伊藤（以下I）：政治的立場というと？

C：台湾の原住民と大陸から来た中国人との関係についてのことです。台湾の原住民には少なくとも 7 つか 9 つの，それぞれ言葉が違うグループがあって，もともとは南太平洋から来たと言われる人たちです。もう何千年も前から住ん

でいる，台湾に一番最初から住んでいる人たちです。そのだいぶ後に来た漢民族はいわば植民主義者であり，彼らを騙したり山や海へ追払ったりして，とにかくある意味で日本における和人とアイヌの状況と同じようなもの。台湾の社会では彼らは，常に経済的にも社会的にも一番底層にいる。生活もまだかなり原始的なままで，もともとの文化は，いってみれば漢民族に破壊されたわけです。一方，新しく台湾を占領した蒋介石の政権は，台湾の高い山から巨木を切り出して売る。そういうなかで多くの原住民たちは固有の生活の基盤をさらに失った。しかも教育も受けられないくらい。否，そもそも教育という考え方も希薄ななかで，多くの人は義務教育も完了しないうちに都会に出てしまう。特に女性は大都会に出て，パーマ屋さんとか給仕とかをする。その人たちはもともと台湾の真ん中の中央山脈の方，もしくは島の東側海岸あたりに住んでいた。

　蒋介石の政権は1945，6年ごろから大陸から軍隊を連れてきた。彼らは1949年ごろ共産党によって追い出されてしまった。最初政権が軍人たちにはいつかお前たちを大陸へ連れて帰るからとか言ってたけど，20年経っても変化もないし，もうこれはとても無理だと多くの人たちが思い始めた。歳もとってるし。そのなかにはかつて大陸で結婚して子どももいた人もいれば，若い人もいたんだ。もう20年経って，故郷に帰る望みはほとんどない。一番年を取った軍人は退役させられて，「栄民」（栄誉のある民）といういい名前をつけられて，国民党の政府が台湾のあちこちに「栄民病院」という病院も作って彼らの面倒をみるわけ。仕事場もいくつか作られたけど，例えば，台湾の真ん中の，ちょっと海抜の高いところに農園を作って，果物や野菜を生産させる。すると当然，もとから住んでいた原住民たちと接触し始めるわけです。

　K：なるほど。栄民と原住民の接触が起こったと。

　C：うん。それで，退役軍人の栄民たちは多少の退職金の現金をもらっていて，政府の優遇措置もあって，貯金をしている。彼らにとって切実な問題は年を取っている自分の子孫を残せないことで，要は結婚ができないこと。しかし現金があるので，早い話が現金で原住民の親父に娘さんをくださいとお願いをしたわけだ。原住民の人たちも，現金があるからいいだろうと。ただし，新聞でいろいろな記事を読むと，現実には，原住民の若い女性たちと栄民，つまり老兵たちとの結婚によって作られた家庭においてさまざまなトラブルがあっ

た。だって，言葉も通じないから。原住民も社会の底辺の人たちだけど，栄民たちもそうなんだ。台湾では，中国人社会のなかで軍隊に関係ある人が一番（社会経済的地位が）低いとされている。いい男は兵隊に行かないっていう言い方がある（好男不当兵）。お互いに虐げられた人たちなんだけど，しかし，おそらくお互いにいたわりとかはなくて，conflict が大きいね。僕はそういうのを見て，考えたり，想像したりして，これで大丈夫かなとすごく心配になった。なぜならこれらの人たちは台湾の，次の世代になるからです。

　そこでこれを研究したいと，さっきの先生に話したわけ。そうしたら，とてもいい考えだけども絶対に今してはいけないと。先生は政治的に成熟している人で，今こんなことしたら危ないと忠告してくれたんだ。僕は，じゃ，いつになればできるのかって聞いたわけ［笑］。先生は，ある程度国際的に establish した後ならいいが，とにかく今はだめだと［笑］。とにかく，まず勉強して，本当に学者になってから，そのとき考えればいいんだってことを言われた。

■ 偶然のチャンスを生かす

　K：台湾原住民と栄民との次世代に関する問いが，先生の研究関心の出発点だったのですね。

　C：そう。それで，しばらく経つと，例の先生から，すごくいいチャンスがある，絶対にこのチャンスを逃してはいけないから紹介すると言われた。今もあるんですが，United Nations Development Program（UNDP），つまり国連の開発機構というところが，台湾の政府の内政部と協力して，Community Development Research and Training Center というのを作ったんです。そこにスタッフが必要になって，一期目として 5 人募集したんだ。僕は選ばれた 5 人のなかの 1 人で，一番年少者でした。

　そこには Research と Training の 2 つの部門があって，僕は Research の部門に配属された。Research 部門の責任者はイギリスから来たレイモンド・ア

---

1) **レイモンド・アプソップ　Raymond Apthorpe**（1932-）　イギリス生まれの社会学者・人類学者。ロンドン大学東洋アフリカ研究所教授，オーストラリア国立大学客員教授。国際開発や人道的支援に関する助言を行っている。これまで，スウェーデン国際開発庁，EU，国連世界食糧計画（UNWFP），国連開発計画（UNDP），国連アジア太平洋経済社会委員会（UNESCAP）のチームリーダーを歴任。

プソップ[1] という社会学者でした。毎日行く必要はないが，僕は行くところが
ないから，毎日そこのオフィスに行って，レイモンドといろいろ議論したりし
たのです。彼も，台湾のあちこちに調査しに行くっていうから，訓練という意
味で僕もついていった。この人と四六時中一緒に旅行したりしたなかで，英語
もだいぶ慣れたんだ。

でも，プロジェクトが台湾の国連追放によって途中でなくなるっていう雰囲
気だったんだ。そのときに初めて，実はオクスフォードに対してあなたのため
にいろいろ交渉したとレイモンドが言ってくれた。そのデパートメントからは
OK だと。そのデパートメントのプロフェッサーはモーリス・フリードマン[2]
という，有名な中国社会研究の人類学者で，彼が香港に来たついでに台北に来
て，僕に面接をしてくれた。やっと8月末の月曜日に，オクスフォードの学寮
から空きが出たから来てもいいよという電報がきた。電報を見た私がアプソ
ップさんに連絡したら，電話の向こうでしばらく声も出ないくらい喜んでくれ
た。そういうことで9月にイギリスに行きました。

僕が行ったのは，アプソップさんもかつて学んだ Institute of Social
Anthropology というところで，例のフリードマン先生の下についた。でも，
のちにフリードマン先生が50歳で，心臓発作で突然亡くなって，僕は「孤児」
になったんだよ。

K：先生がイギリスに行かれたのは70年くらいなんですか。71年？

C：1971年の9月末，と記憶している。

K：先生は，アプソップ先生にいろいろお世話していただいて，オクスフォ
ードに行って，フリードマン先生のところにつかれた。しかし，フリードマン
先生が急に亡くなられて，研究上の孤児になってしまったと。ここまでのお話
だけでも，先生がいろいろな偶然の出会いに導かれてイギリスに渡られ，また
そこでも予想外の展開があったことがわかり興味深いですね。その後，何かの
紹介があって日本に来られたのですか？

C：実は，1972年ごろ，山口昌男[3] さんが突然訪ねてきたんだよ。

---

2) モーリス・フリードマン　Maurice Freedman（1920-1975）　イギリスの人類学者。特に，親
　族形成，法，宗教といった観点から見た中国人社会の人類学的研究で知られる。著書に『中国
　の宗族と社会』（田村克己・瀬川昌久訳，弘文堂）など多数。

I：山口昌男さんですか？　人類学者の？

C：はい。多分72年にオクスフォードで社会人類学の国際シンポジウムかなにかがあって，彼はそれに来ていたんだと思う。彼はアプソップさんとはもと同僚だったのです。アプソップさんは国連の仕事で台湾に来る前，多分60年代の後半に，ナイジェリアのイバダン大学の社会学部で教えていて，そこに当時東京外国語大学のアジア・アフリカ言語文化研究所の助教授をしていた若い山口昌男が講師としてやってきた。そういう経緯があって，突然山口昌男さんがオクスフォードで僕の前に現れた。そのとき，僕はできれば将来日本に行きたいということを多分言ったと思う。

I：すごい出会いですね。

C：その後フリードマン先生が突然亡くなって，行くところをどうしたらいいかわからないでいるときに，山口昌男さんが立教大学で講師をしている青木保 4)君に手紙出せって言ったんだ。青木さんがいろいろ面倒をみてくれて，僕は研究員として日本に来ることができた。もちろん給料はないけどね。

K：最初は，立教大の研究所の研究員だったんですね。日本に来るときにはもう心理学は勉強していたんですか？

C：自分なりにね。どういうわけかその時期から，親子関係というテーマに興味が出てきたんです。特に日本の親子関係をっていうのがあったので，児童心理ならいいと思ったんですが，実は児童心理が何をやっているか，正直に言ってよくわからなかった。

日本へ来て，どうしたらいいか思案しているうちに，ちょうど広島大学に児童学講座ができて，児童心理・児童保健・児童教育という3つの専攻ができた。僕はすぐ，児童心理の方に願書を出して試験を受けて入学した。そこか

3) 山口昌男　やまぐち・まさお（1931-）　文化人類学者。東京外国語大学名誉教授。アフリカ，アジアのフィールドワークを元にした研究や，「敗者」などの「周縁」に目を向けた歴史人類学的研究で知られる。著書に『アフリカの神話的世界』（岩波新書），『道化の民俗学』（岩波書店），『文化の詩学』（岩波書店），『「敗者」の精神史』（岩波書店，大佛次郎賞）など多数。2009年，瑞宝中綬章受章。

4) 青木　保　あおき・たもつ（1938-）　文化人類学者。大阪大学名誉教授。著書に『儀礼の象徴性』（岩波書店，サントリー学芸賞），『「日本文化論」の変容』（中央公論社，吉野作造賞）など多数。2000年，紫綬褒章受章。

ら，本格的に心理学の勉強が始まった。

K：その時点で児童心理の専門書を読んだりはしていたんですか？

C：いやあんまり。最初は日本語の本も読めなかったね。読めるようになってから，感銘を受けたのが川島書店から出ている三宅和夫[5]先生の「児童心理学」だった。

K：なるほど。後に師となる三宅先生のご著書に出会われたんですね。

C：それで，（広島大に）入学するときに，幼児心理を担当する祐宗省三[6]先生につくことになりました。僕が修了するころには博士課程ができるという話があったんだけど，修了した後もなかなかできなくて，ある先輩に，僕は外国人だし，いつまでも待つわけにいかないと相談したら，彼の知り合いの院生さんとか，三宅先生のところの助手さんに手紙を出してくれたみたいで，北海道大学の三宅和夫先生のところにまずは話しにおいでって言われたのね。三宅先生は会ったときから，早く来いという感じでね。ものすごくよくしてくれた。

K：何年になるんですか？

C：1978年。北海道に来たのは7月23日。75年の2月8日に日本に来て，（広島大で）研究生をして，76年の4月から修士課程に入った。そして78年の3月に広島大学の修士課程を修了して。

K：それで，北大に来られた。

C：そう。78年7月23日に来て，三宅先生と話したあと，今月末にシンポジウムをやるので，君もできれば来いって言われた。なので，広島に戻ってからすぐにまた北海道に来てね。半年の研究生を経て，79年の4月1日から北大の博士課程に入りました。

K：いろんなところに行きながら全部つながってるっていうのがすごくよくわかるお話だったんですけども，台湾からオクスフォードに行った経緯ってい

5）**三宅和夫　みやけ・かずお**（1927-）　発達心理学者。北海道大学名誉教授。縦断的な観点から乳幼児の人格形成と環境との関連の仕方について明らかにする研究で知られる。著書に『子どもの個性』（東京大学出版会），『乳幼児の人格形成と母子関係』（編著，東京大学出版会）など多数。

6）**祐宗省三　すけむね・せいそう**（1929-）　発達心理学者。広島大学名誉教授。その国際的な活躍を記念するために，世界のすぐれた若手心理学研究者に授与される「祐宗・ベイン研究奨励賞」が創設されている。著書に『ウェルビーイングの発達学』（北大路書房）など多数。

うのがすごくおもしろくて。プログラムされたことじゃないですよね。偶然の
出会いのつみ重ねで。

■ オクスフォードの教育

K：これまでのお話で，心理学に行きつくまでの先生の遍歴というのが，少し
見えてきたんですけども，前にちょっとうかがったところでは，オクスフォード
では，人文社会系の勉強をするときに，必ず押さえておくべき基礎になるような
科目があるそうですね。そのあたりのお話をまずうかがいたいと思います。オ
クスフォードの人文社会系の教育の特徴ってどのようなものなのですか？

C：オクスフォードでの経験は，そこで生活したということ自体が自分にと
っては意味があるように思う。個人的に勘違いしたかもしれませんが，何々学
という領域を隔てる厚い壁というのはあまりないんですね。むしろ，何々学と
いうよりも，ある現象なり，問題なり，そこに必要なものであれば，何でもい
い。

　もちろん現実として，人類学的な考え方と心理学とは違うんだけども，だか
らと言って，人類学なら人類学だけの道を行くのがいいよというふうには，普
通の人でも考えてないような感じがする。

　というのはね，オクスフォードでは，まず入学するときに2つの社会
（society）から受け入れてもらわなければいけないんですよ。1つはカレッジ
（学寮）という社会。もう1つはデパートメントという研究をするところ。じ
ゃあ，カレッジは生活，デパートメントは勉強とはっきり分かれているかとい
うと，そうでもない。学部生だったら，ほとんど自分のカレッジで，所属のフ
ェローから個人教授を受けるんですね。稀に，自分のカレッジにその専門の先
生がいなくて，よそのカレッジに出かけなければいけないというのもあるんだ
けど，普通は自分のカレッジに専門の先生がいて，毎週勉強しに行く。一方，
その先生はデパートメントの方にも所属するんですよ。そちらは，セミナーが
あったり，レクチャーがあったり。こういう2つの世界に身を任せる。僕のカ
レッジなんかは，毎日曜日の夜に晩餐会が必ずある。そのとき，毎日の食事で
もそうなんだけれども，カレッジというのはさまざまな人間がいるわけ。教育
専攻の人がいれば生理学，法律，数学，天文学の人もいる。もうありとあらゆ

る人間がそこに混ざっている。食事のとき，いろんな人と話をする，話ができなければいけないという感じです。

K：それは場所だけが共通で，そのなかにいろんな分野の人が入っている。

C：そう。それぞれのカレッジは1つの単位なんだ。他のカレッジとは歴史も違うし，経済的基盤も，文化も違う。だけど共通することは，どのカレッジにもいろんな人がいるということ。

晩餐会のときは，隣に誰が座るかは決まっていない。最初から最後までずっと黙って食べておしまいということは可能だけれども，そういう人はあんまりいないね。普通は，向いの人とも隣の人とも話をするようにする。それはどんな手段でも，自分をそういうふうに見せるように努力してもいいし，本当にそれをできるようにしてもいい。この話題は全然わからないとか，それは事実としても別に恥ずかしいことでもないから，そういう話ができなかったらもう固くなってどうしようもないということにならないように自分を訓練する場所なんだ。だから，どんな人でもほどほどの常識をもって話をできるように，いわば教育を受けた人間であるような話ができるようにするのがカレッジ生活の目標のようだ。だから，多分ある意味ではゼネラリスト教育のような古い時代の考え方がその背後にある。general education というのは，本来の意味は，何でも知ってるということ。実際は浅く，広くしか知らないんじゃないかと言われても，強調してるのは，何でも知ってるってことなんだ［笑］。

川田学氏
日本の心理学にはメタ理論がみえないんですよ。

K：カレッジというのは，社交を通して教養を深める場なのですね。

C：そう。教養を浅くしても深くしても，それは自分の努力次第なんだと。

K：カレッジとデパートメントの関係というのは，日本でいう学部の教養教育と専門教育のような，カリキュラム上の関係という感じでもなさそうですね？　やはり，カレッジとデパートメントというのは役割が違う？

C：まったく違う。なにも関係ないんじゃないかと思う。だから，カレッジは自主的に人をとってきて，試験もして，それなりの関係をもって，あなたはこういう勉強をしなさいと。カレッジに来たら，うちはこういうフェロー（fellow）がいる。あなたのチュートリアル（tutorial）は，この先生が担当するのだと。そのチュートリアルは，例えば文章を書くときの論の展開や組み立て方とか，センテンスの表現とか，かなり徹底的に訓練してくれる教育です。

K：そこでのフェローっていうのは，日本でいったらどういうポジションの人ですか。いわゆる研究員とかRA・TAとも違うんですよね？

C：うーん，違うね。フェローには，デパートメントで教授の人もいる。

K：役割なんですね。ポストではなく。

C：フェローは，カレッジに雇われて，教育を行なって，カレッジの運営を任される人たちなんだ。専門をもって，教育能力と行政能力をある程度発揮できる人たち。人によって専門も違うし，デパートメントでもっているポジションも違う。例えば僕の指導教官のモーリス・フリードマン先生は，All Souls College という古いカレッジのフェローでした。

K：大学教育の作られ方が日本とは全然違うんですね。

C：そう。考え方が全然違うようです。

■ 心理学と人類学

K：当時の先生にとって，心理学と人類学はどういう違いがあるものだったんですか？　学問としてみたときにどの辺に魅力を感じていたのでしょう。

C：まず，人類学はフィールドワークをするのが特徴的と言われるよね。それは心理学にはまったくないものだった。実験の方法というのは，僕は正直に言ってあんまり関心がなかった。僕はむしろ観察をしたい。とにかく人間の行動を実際に見てみたい。それを記述し記録する。だから日本に来てから76年

の夏かな，今から考えると信じられないくらい，何万円も払ってね，中古の映写機を買ったの。今のビデオじゃないのよ。

K：昔の8ミリカメラ。

C：しかも，音声記録ができないやつ。その方が安いから［笑］。それを持って，五島列島の田舎に行ったんですよ，親子関係の観察をしに。

K：五島列島，長崎のですか。何でまた長崎ですか。

C：とにかく島に行きたいっていうことで，つてのあるところはそれしかなかった。しかし，事前調査も不十分だし，そこに子どもいるかいないかも調べてなくて，行ってみたら，村に子どもは2人しかいなかった［笑］。

K：当時の，少なくとも日本の心理学は，ある意味で牧歌的にフィールドワークして観察して，それで修論書けるって時代ではなかったんですよね？

C：実はそのこともよくわからなかったんだよ。広島大学の場合は，なにか実験をやらなければならなかったという感じでした。大学院でゼミのときに読まされた，あるいは他の院生が紹介発表した論文は，観察学習や弁別学習のものばかり。そういうことをやるなんてつまらないけど，やってみようかって，やるしかない。

K：基本的に実験研究なんですね。対象は，ネズミとかではなくて，子どもですか。

C：そう，子どもです。

K：広大のときの修士論文は，結局弁別学習のテーマで書かれたんですか？

C：いや，幼児の記憶に関する実験だったのです。弁別学習というよりも記憶の研究で，memory integration とかそういう名前でよばれていた現象。例えば，A，B，C，Dというストーリーを見せる。話のなかでね，A，Bの関係はCで展開する。例えば，カエルがいる。あるいはカエルと丸太がある。丸太の上のカエルがどうこうというストーリーでね。見せたときは個別に見せても，再認のときに被験者が勝手に見たものを合成して記憶し，再生する，という実験的研究を真似して，同じようなことを自分なりに作った課題でやったのです。

K：では，内容やパラダイムとしては，追試するような形だったんですね。当時は，アメリカ等でやっている研究を，日本で，少し材料やシナリオを変えて追試するという形の修論は多かったんですか？

Ｃ：そうだと思う。

Ｋ：今はあまりないかもしれないですね，追試だけで修論が成り立つっていうのは。卒論ぐらいだったらあるかな。

Ｃ：当時も，ただ追試しただけじゃダメなので。少しなにかひねらないといけないという感じだった。

■ 心理学と研究法

Ｋ：先生が広島に来られて，最初に出会った心理学というのは実験的研究だったと。先ほどの先生のお話からすると，なんで観察とかフィールドワークとかで心理学の修士論文書いたらいけないのかもわからない状態で飛び込んだということだったんですけど，ちょうどこの本の著者らの世代は，先生が日本で心理学を学び始めた少し前ぐらいに生まれた世代なんですよ。当時のことは全然わからないわけですけども，やはり学習理論というのが，70年代はまだ圧倒的に強かったのですか？

Ｃ：そのようですね。特に広大あたりでは。

Ｋ：先生の話をうかがって思ったのは，日本の心理学は外国からの輸入学問で，学習理論であれば学習理論が入ってくると，みんな学習理論になってしまう。しかも（統計的）検定を使わなければ認めないという状況が，少なくとも70年代の心理学にはあったのだろうと思います。その後何十年も経って，日本の心理学の土壌というのは，先生の目から見ると，変わってきたのか，変わらないのか。どうなんでしょう？

Ｃ：多分その後いろんなことがあったと思うんですよね。アメリカの心理学においても，例えば人類学的な考え方と方法に影響されたということがあったと思う。心理学の分野によってさまざまだと思うんだけれども。いわゆるフィールドワークをより強調して，少なくとも従来の心理学の方法よりも，その方法（フィールドワーク等の質的方法）の方が必要じゃないかとしている領域もあると思うし。多分大学や研究室によっても違うと思う。

日本もすごく明らかな形ではないかもしれないけれど，それに影響されてきた。日本で心理学を勉強している人たちが読んでいるものは多分80％か90％以上は北米の雑誌とか教科書と思われる。そこで，こういうことがいいんじゃ

ないかと言われているよ，ということでちょっとやってみる。今の言葉で言うと，質的な方法も正当化できるんじゃないか，取り入れてもいいんじゃないか，という考え方ですね。多分 20 年以上かけて少しずつ導入されてきたのではないでしょうか。

　僕が北大へ来た 70 年代末はまだあまりなかったと思うけど，80 年代後半から 90 年代に入って，質的云々というのが言われ始めた。例えば，ロゴフ[7]とか，コール[8]とかの影響があって，方法論的にも少し風穴があくような感じね。そのときまで使っていた方法は，あまりよくない言葉ですが，アメリカ心理学から受け継いだトイレット・トレーニングのようなもので，すごく厳しかった。統計がないと心理学じゃないって。改めて言われてみるとバカバカしく聞こえてしまうかもしれないが，そういう時代があったんだよね。とにかく，嘘でもいいから統計とか検定の形にしろという感じだよね。[一同笑]

　K：トイレット・トレーニングというのは要するに，鋳型にはめるような感じで。

　C：しかもかなり厳しい感じで。後に「しこり」が残るっていうことですね[笑]。

　K：トラウマになるぐらい[笑]。例えば，今グローバル化がすすんでいるということがありますよね。グローバル化って言語のグローバル化だけではなくて，ものの考え方とか，ビジネスとかのグローバル化もすすんでいると思うんですけど，その意味でいうと，アメリカを中心とした北米の一極支配がちょっと崩れてきているということはありますかね。

　C：どういうふうに見るかだね。グローバル化のなかで一極化が崩れているという言い方もできるが，グローバル化は結局，北米化だということも言える

7）**バーバラ・ロゴフ　Barbara Rogoff**　アメリカの発達心理学者。カリフォルニア大学サンタクルーズ校教授。グァテマラなどの非西欧的な社会におけるフィールドワークをもとにした，学習・発達の文化的側面を重視した研究で知られる。著書に『文化的営みとしての発達』（當眞千賀子訳，新曜社）など多数。

8）**マイケル・コール　Michael Cole**（1938-）　アメリカの心理学者。カリフォルニア大学サンディエゴ校教授。ヴィゴツキーの同僚であったルリアに師事し，ヴィゴツキーの理論をアメリカに広く紹介するとともに，独自の文化心理学研究を行ったことで知られる。著書に『文化心理学』（天野清訳，新曜社）など多数。

のではないかと思うが。

K：そのときに，例えば，やはり1つは中国やロシアがあると思います。中国が北米化の方向に行くのかどうか。これから中国で心理学が流行ってきたとしたら，北米とはまた違う心理学が中国から出てくるかもしれないとうイメージもあるんですけど，どうでしょうか。

C：その辺はわからない。どれぐらいの時間のスパンで見るかによるかもね。短いスパンでは，僕は中国に対してはそんなに楽観視はしてない。

K：中国からは新しい心理学は生まれてこない。むしろ北米化していくということですか？

C：そう。中国が，当分の間すごく特色のあるものをつくり出しているかというと，ちょっと疑問だね。

K：その辺の話は，多分教育の問題も含めてこれからの心理学ということと関わってくる問題でしょうね。先生のお話から，心理学もそうですけど，学問はその社会状況とか個人の歴史と深く関わっているということが改めてわかりました。そうであるならば，70年代とは違う社会で，2010年代に入ったなかで，これから心理学はどうあればいいのか，特に心理学教育に関わる部分を次にうかがいたいと思います。

■ 日本の心理学教育

I：先生がずっと北大で教えられてきて，心理学の歴史についての知識が学生にほとんどないと常々言ってこられた。また，日本の教科書は薄っぺらで，アメリカの教科書は分厚くてオールマイティのものがあったりする。陳先生が学んでこられたイギリスと比べると，日本はある意味でお粗末なところがあるのではないかと思うのですが，日本の心理学における理論教育について，少しおうかがいできればと思います。

C：むしろイギリスにはオールマイティのものはあまりないと思うね。彼らは，何がベーシックなのかについては考えがある。例えば，学部の専攻の科目

---

9) tripos（トライポス）　本来ケンブリッジ大学の優等卒業試験の科目を意味するが，ある学位を取得するための重要科目という意味で使われることもある。

として "tripos" [9) というのがあった。例えば PPP とか，PPE とかがその例です。PPE というのは，Politics, Philosophy, Economics。PPP は，Psychology, Physiology, Philosophy。1950 年代まで，コアカリキュラム（核）という考え方があったらしくて，今言った PPP とか PPE とかは学部生の勉強の核という意味。

　少なくとも僕が留学していた当時は，イギリスでは基本的に，大学での勉強が職業に直結するという考え方ではなかったように思う。今はどうだろうね。彼らにとって大学での勉強と職業は違うもので，どうも二段構えがあったみたい。一人の学生が大学教育を受けるときの学問の枠と職業というのは，必ずしも 1 対 1 でなくていい，むしろ 1 対 1 じゃない方がいいんだと。1 対 1 だと，マニュアルみたくものすごく瑣末なことになってしまって，大学は職業訓練校になってしまう。そういう考え方が一つにはある。このような考え方は，おそらく高等教育についてのどちらかと言うと保守的な考え方の部類に入るかと思う。

　最近では，日本の大学はそうではないとはっきりと言ってるみたいね。むしろ大学では職業人を育成するんだと。「高度職業人」と付け加えただけで，本質的には仕事の訓練の場になっていると思います。今では日本のどの大学もそのようになった。仕方がないじゃないか，現実だから，ということでやっているという感じですね。

　人間は食べていかなくてはならないから，職業はもちろん大事だけど，何のために大学に来るのか，大学で何を追求すべきかという，格好みたいなものがまったくなくなった［笑］。今，格好つけることさえしなくなったのでしょう。［笑］

　I：最近の大学だと，教養教育が大事だという風潮と，キャリア教育が大事だという風潮とが分裂して平行している感じがするんです。今の陳先生のお話では，理論は理念的なもの，悪く言えば格好とおっしゃってましたが，その理念を教えるには具体的にどうすべきですか。

　C：結局，哲学みたいなものだと思うね。例えば，PPP とか PPE と言われているものの背後にあるひとつの「主導している考え」というのは，一種の世界観，もしくは哲学のようなものだね。古典はそういうことを教えてくれると思

う。今僕が言っている世界観とか，哲学みたいなものは学問のテーマや分野に関わらずあると思うんです。

　最近，ロック[10]の "*Human Understanding*" [11]の原著を読んでいますが，注意して読むと，社会科学にあるたくさんの問題がもう300年以上前にすでに考えられていたんだということがわかる。我々も元まで辿ることができればいいんだけども，往々にしてそうじゃなくて，本の内容をちょっと暗記したり読んだりしてそれでいいことにしてるでしょう？　そうすると最初の問題は何だったのか，言ってみれば古典を著した人たちの考えから我々はなんにも利益を受けていないということになる。

　I：それはもったいないですよね。今，ロックの話が出てきたんですが，彼の言う "tabula rasa" っていう言葉は，発達心理学の議論では必ず出てくるでしょう。では，あの言葉が出てくる『人間知性論』を読んでいるかといったら，少なくとも僕は読んでいないんです。そういう言葉があることは大学の授業ではふれると思うんですが，そこから学生たちを『人間知性論』を読む方向にもっていくためには何が必要でしょう。

　C：こういう本がある，ということは教えればいい。むしろ，原典は本当におもしろいんだということを，我々は教えてもらってないじゃないかと考えるようになった。

　I：陳先生ご自身が教えてもらってないということですか？

　C：僕の受けた大学教育でもそういうのはまったくなかった。

　I：オクスフォードではどうなんですか？

　C：オクスフォードでは，多分，そういうものは自分で読んでおくことが前提になっていると思う。[笑]

---

10) **ジョン・ロック　John Locke（1632-1704）** イギリスの哲学者，政治思想家。知識は先験的に与えられるのではなく，経験によって得られるとするイギリス経験論の主導者として知られる。

11) *Human understanding* ロックの主著。1690年刊。"*An essay concerning human understanding*" が正式なタイトル。邦訳は『人間知性論』（大槻春彦訳，岩波書店）。「タブラ・ラサ（白紙）」については，以下のような記述がある。「そこで，心は，言ってみれば文字をまったく欠いた白紙で，観念はすこしもないと想定してみよう。どのようにして心は観念を備えるようになるか。（中略）これに対して，私は一語で経験からと答える」（第一分冊，pp.133-134）。

Ｉ：大学にアクセスすることのなかに，古典を読むことが含まれてしまってるわけですね。つまり，読んでなければそこに行くことすらできない，議論にも参加できない，ということですか。

Ｃ：どうでしょう。多分，教えるなかでも，当然ここから始まるんだという，大前提から始まるんでしょう。

Ｉ：それは，西洋の歴史みたいなものを背負ってるという自覚なんでしょうか。

Ｃ：そうかもしれない。特にいわゆる社会科学の分野では，そういう古典のようなものは，ある程度の知識をもつことは出発点だということはあった。もちろん今，実際にイギリスの，オクスフォードの大学生をつかまえて，あなたはそれを読んだかと訊いたら，読んでないかもしれないけどね。実際にはズレがあるけど，教育の理念としてまずそこから出発するんだ，そういうぽんやりとしたものがあった。

Ｉ：ということは，教えるときの中身というよりも，教える側の心構えというか，そのスタンスの問題ですね。

Ｃ：そうですね。70〜80年代の古い考え方だと，日本に有名な研究者が来たときに，先生がまず前面に立ってその方と話をする。あとの学生は，まだ若いからという理由ででしゃばるなと。今はそんなことはないかもしれませんが，まだどこかでそんな考え方があると思う。それと同じように，例えば，理論的なものとか，基本的な態度の問題については，初心者は何も考えなくていいだろうという考え方が教師のなかにあるのではないかと思う。僕はそうじゃないと思う。むしろ最初からやった方がいい。初心者にとって，古典を読んでわかるはずがないということはないと思う。古典はそのまま寝転んで読めるものじゃないけど，真剣に読もうと思えば，誰でも案外読める。日本は，この100年以来の多くの人たちの努力で，少なくとも西洋の古典を読むバリアはだいぶ取り払われていると思うね。だから例えば，まず古典を読んだらどうかと思います。

■「思想」としての心理学

Ｋ：他の国のことはよくわからないんですけども，少なくとも日本の心理学

伊藤崇氏
ただ単に知ればいいっていう話じゃないと思うんですよね。

教育のなかでは，心理学科に入ったら，どちらかというとメソッドのハウツーやスキル，統計法を習得することが基礎教育という考えがあって，理論的な部分はあまり重視されていないように思うんです。

C：あるいは，理論は後でいいとか。［笑］

K：ずっと後。私が思うのは，日本はどうも，特に心理学はそうだけど，歴史を学ぶということにあまり価値をおかない。結局，歴史とは受験勉強で暗記する科目であるという刷り込みが入っちゃって。よく歴史学の先生たちが嘆くのは，歴史は暗記科目だというふうに，もう大学に入るときに学生が思い込んじゃっている。何年にどうだって覚えたりしなきゃいけない，だから歴史はもういやだと。

おそらく日本の多くの心理学関連の専攻では，心理学史という授業はないと思うんですよね。でも，学問の歴史を勉強しないというのは，ものすごく珍しいんじゃないかなと思うんですよね。どの（人文社会系の）分野でも，歴史は絶対に勉強すると思うんですけど，心理学史の授業は僕自身も受けた経験がないですし，たぶんほとんどの大学で開講されていない。「歴史の軽視」と「理論の軽視」ということの間に，何か関係があるような感じがします。

C：そうかもしれないね。特に歴史と言ったら固定概念になってね。例えば，ヴント [12)] は心理学実験室を 1879 年に作ったとかね。そうじゃなくて，研究は歴史と切り離せないのよ。最近，思考に伴う眼球運動という研究で論文を

共同研究者と書いたんだけど，実はそのテーマにも歴史がある。最初はこう
で，そのあとこうで，今はこんな見方がある。それらは一理あるかもしれない
が，我々はこう思うとか。この場合はたったの2，30年の短い期間ですが，変
化があり歴史があるでしょう。概念の扱われ方にも，方法にも変化があったり
するんです。

K：日本の心理学の論文だと，こういう研究がありましたというような，先
行研究の羅列というような形ではあるかなと思うんですけど。

C：考え方の変遷とか，あるいはその弁証法的な関係とかはあまり意識して
いないでしょう。

K：あんまりないでしょうね。そこに歴史的なストーリーはあまり作らない
ですよね。こういう研究の一群とこういう研究の一群があります，でもまだこ
れがやられてないからこれやりますというような，ブロックを組むみたいな感
じで。

C：そう。でも，英文の論文を読むと，そうじゃないんだよね。彼らはもう
ちょっと中身に関わって言ってると思う。

K：ある意味で，日本の心理学研究の特徴として，先行研究重視というのは
ありますよね。先行研究を全部洗い出して，ロジックよりは，これが入ってな
いじゃないかと指摘する。それを全部やっていくと，時間が経てば経つだけ，
「問題」の部分がどんどん巨大化していくだけで，ただのデータベースになっち
ゃうんですよね。だからストーリーはほとんど重視されてない。多分，それは
歴史的なものの見方の軽視ということなのかな，と。

C：あるとき，心理学というのは思想なんだという結論にたどりついたんで
す［笑］。そのことを言ったときは，自分でさえびっくりしたのね。心理学は心
理学のはずなのになんで心理学は思想なのって［笑］。でも，心理学に思想がな
ければなんだろう。もちろん，ここでいう思想は哲学の議論ではなくて，人間
に対するある見方とか，人間の，例えば心の本質に対する見方のことです。そ
こには一つのストーリーや理論があるはずです。

12）ウィルヘルム・ヴント　Wilhelm Wundt (1832-1920)　ドイツの生理学者，哲学者。1879年，
　　ライプチヒ大学に心理学実験室を開設し，近代実験心理学を築いたとされる。

今の多くのジャーナルはそういうものなしでもよくて，むしろそれがない方がいいという感じにさえなったのね。先行研究で重要なものを出して，今回の研究との関係さえはっきりさせればそれで OK。あんまり哲学重視じゃないね。それは少なくとも北米の心理学の特徴といえる。アメリカの心理学はもっとも哲学を嫌うといえるんじゃないかと思うね［笑］。

K：ある時期まで，日本はピアジェ [13]，ワロン [14]，ヴィゴツキー [15] など，世界的に見ても，その翻訳は早かった国だと思います。ほとんどのものが翻訳されて，しかもそれぞれ原語から翻訳されたものが多かったのも特徴ですね。必ずしもアメリカ経由ではなかった。ピアジェについての後々の評価をみると，北米の研究者はあまり正統にピアジェを理解していなかったように思えます。

C：そう。でも，日本人はそうじゃないよね。

K：ピアジェなら，ピアジェのオリジナルにシンパシーを感じてたんじゃないかと思うんです。ピアジェは統計を重視しないし，理論構成の重要なソース

13）ジャン・ピアジェ　Jean Piaget（1896-1980）　スイスの発生的認識論者，発達心理学者。20世紀にもっとも影響力をもった心理学者の１人。現象学者のメルロ＝ポンティの後任としてソルボンヌ大学（パリ第４大学）の児童心理学講座の教授を務めた。知の系統発生としての科学史の再構成と，知の個体発生としての認知発達段階論の発展形式の平行性を主張した発生的認識論を構想，膨大な研究と著作を残した。著書に『知能の誕生』（谷村覚・浜田寿美男訳，ミネルヴァ書房），『知能の心理学』（波多野完治・滝沢武久訳，みすず書房），『発生的認識論序説Ｉ〜Ⅲ』（田辺振太朗・島雄元，三省堂），『新しい児童心理学』（波多野完治・須賀哲夫・周郷博，白水社），『精神発生と科学史』（藤野邦夫・松原望訳，新評論）など多数。

14）アンリ・ワロン　Henri Wallon（1879-1962）　フランスの精神科医，発達心理学者，教育学者。ソルボンヌ大学（パリ第４大学），コレージュ・ド・フランス等で心理学の教授を務めた。障害児臨床や軍医としての経験を経て，子どもの心理的発達，特に人格と情動に関する発達理論を構想した。フランス新教育運動のリーダーとして，教育学者のランジュヴァンと共に「ランジュヴァン・ワロン計画」と呼ばれる教育改革計画を策定，フランスの公教育改革に大きな影響を与えた。著書に『児童における性格の起源』（久保田正人訳，明治図書），『身体・自我・社会』（浜田寿美男による編纂，ミネルヴァ書房）など多数。

15）レフ・セミョノビチ・ヴィゴツキー　Lev Semenovich Vygotsky（1896-1934）　旧ソビエト連邦の心理学者。精神発達における文化・歴史的理論を構想し，特に教育心理学と発達心理学に大きな影響を与えている。モスクワ大学心理学研究所にて，ルリアとレオンチェフとともに研究集団“トロイカ”を結成し，38歳で早逝するまでに膨大な実験と理論研究を行った。その百科辞典的な博学さと短い生涯から「心理学のモーツァルト」とも称される。主としてアメリカにおけるヴィゴツキー評価の高まりを受けて，1980年代から日本でも再評価され，「ヴィゴツキー・ルネサンス」とよばれている。著書に『思考と言語』（柴田義松，新読書社），『新児童心理学講義』（柴田義松ほか訳，新読書社），『教育心理学講義』（柴田義松・宮坂琇子訳，新読書社），『障害児発達・教育論集』（柴田義松・宮坂琇子訳，新読書社）など多数。

はケーススタディないし質的な手法で得られたものです。発達心理学のなかでは，ピアジェやワロンはある時期までは非常に受容されたけれども，どこかからパタリとなくなって，実証一辺倒の心理学になりましたね。

C：戦後の北米心理学の導入の影響ではないかと思う。今はもうほとんど北米一辺倒でしょう。戦前なら，例えば波多野完治[16]先生のピアジェやワロンの紹介があって，一応フランスからもという感じでしょう。

■ 新しい心理学の創造にはなにが必要か

I：心理学理論を教育するときのゴールはどういうことになるんでしょうか。例えば理論を操って，自分なりに語れるようになる，あるいはそれこそ陳先生みたいに，心理学は思想だっていう結論に達するとか。ただ単に知ればいいっていう話じゃないと思うんですよ。

C：これは多分ヴァルシナー[17]の考え方が参考になると思う。ヴァルシナーによれば，研究者の主体性，直観的な世界把握から出発して，それに基づいた理論を作り，それに基づいてデータをとって，検証するというプロセス。その結果で理論を修正していく。ぐるぐると回るわけ。そこまでいかなければ，どういう大前提があるのかわからない。それを無視して，他のものを見れば，同じだからこれでいいんだとなる。理論を知って初めて，ひょっとしたら違うモデルで見たら違う見方があるかもしれないという発想が出てくる。どういう仮説が立てられるのか，どういうデータが作れるのか，あるいはより適切なデータになるのかを考えて，得られた結果を元の仮説検証のループに戻す。そう

---

16) 波多野完治　はたの・かんじ（1905-2001）　心理学者。特に発達や教育に関する心理学的研究を行なった。お茶の水女子大学・元学長。ピアジェやワロンの著作を翻訳し，その発達理論や教育論について日本に広く紹介した。妻の勤子（1905-1978）は心理学者，息子の誼余夫（1935-2006）は認知心理学者・教育心理学者，里望（1931-2008）は国際法学者。著書に『文章心理学入門』（新潮文庫），『子どものものの考え方』（岩波新書，滝沢武久と共著），『ピアジェの発達心理学』（国土社），『ピアジェ入門』（国土社）など多数。

17) ヤーン・ヴァルシナー　Jaan Valsiner（1951-）　エストニア生まれのアメリカの文化心理学者，発達心理学者。クラーク大学教授。ヴィゴツキーの文化－歴史的理論を背景に，精神発達における文化的組織化に関する研究を精力的に行なっている。Culture & Mind 誌主宰。著書にCulture and the Development of Children's Action（Wiley），Culture in Minds and Societies（Sage）など多数。

やって出た結果が，欧米の大前提と同じとか違うということがはじめて言えるんだよね。でも，今はそこまでは議論もしないんじゃないかと思う。

K：ニュートン以来の自然科学パラダイムにおける理論と，心理学を含めた人文社会科学の理論は，理論の役割とか，理論が作られる背景に違いがあると思うんです。要は，カップリング理論はどこいってもカップリング理論で使える。一方で，心理学理論はどこでも使えるものかというとちょっと違う。先生のお話をうかがうと，理論は普遍的なものだと我々は思いがちだけれども，心理学理論はちょっと違うんじゃないかなと。心理学における理論の性質とはどういうものだとお考えですか？

C：僕は，心理学の歴史の中でも多分少なくとも2つ以上の流れがあって，それぞれがそれぞれの主張をしてきていると思う。1つは普遍性を重視する立場で，文化とはまったく関係ないと。ある意味で還元主義みたいなもので，最終的には物理学や化学のレベルに近い言葉で表現できる心理学を目指す。もう1つは，心とはなにかを重視する考え方で，心は文化と分けられない関係にあるんだという，今の文化心理学の考え方。そこから見ると，文化によって，心とはなにか，心の現れ方，表現の仕方も違っていいんじゃないかと思う。これは心理学の歴史のなかにもパラレルに存在するように感じるんだけども。僕はどちらかというと，心というのはその文化のあり方によって違うと思う。もちろん，同じものがないということではないけれども。

K：若干それてしまうかもしれないのですが，日本の心理学にはメタ理論がみえないんですよ。本当はあるはずなんだけれど，正面から向き合っていない。向き合えない。だから，ある意味ですごく数字（統計）にこだわるんじゃないかという気がしていて。それが基礎だと。逆に本家本元と思われているアメリカとかヨーロッパの方は，検定は所詮道具で，学問の根本的なところではあまり重視していないのかもしれない。サイエンスの方法だから，ルールとして則るというだけ。でも，日本の心理学は他の軸，つまりメタ理論が出せないからそこ（統計）にしがみついている。さっきのお話で言えば，トイレット・トレーニングとしてあまりにも強く入りすぎたのかなって思うんです。

社会歴史的状況とか，社会思想とか，そういうようなものと，科学的な理論との関係という観点で考えると，陳先生ご自身の歴史のなかに，すごく明確な

メタ理論的なものがあるように思えてしまうんですが，どうでしょうか。

C：あんまりそういうのはないんだけれども，もし最初から心理学科に行っていたらそうでなかったかもしれないのよね。でも残念ながらそうじゃなかったから，きちんとした訓練を受けてないために，後になって自分の行動を正当化せざるを得ないなかでひねり出したものにすぎないかもしれない。

僕が最初から考えたのでは決してなくて，実はヴァルシナーの出現が非常に大きいんじゃないかと思う。そういう意味でヴァルシナーは大きな存在で，彼は理論的にも方的にも，大きな山のような存在だと感じるのだ。僕なりにある程度理解できたことというのは，彼はエストニア出身だということ。80年代にエストニアから脱出して，フランスやオランダなどの西ヨーロッパに行ったんだ。彼はドイツ語もフランス語もスペイン語もできる。英語はもちろん，ロシア語も。そして，ロシアあるいはソビエトの心理学の背景のなかで，例えばヴィゴツキーに対する考え方は，北米や（西）ヨーロッパの考え方とかなり違うことがわかっている。そういう意味で，独自な考え方をもっている。さらに彼はそこから脱出して，ヴィゴツキーの理論に基づきながら，自分なりの展開をしていったと思う。

そういう立場から，彼は特に北米の心理学にかなり批判的で。批判的といっても，なぜダメなのかということを彼はちゃんと具体的に指摘している。1つの大きな指摘は，方法論と方法の混同についてです。本当の優良北米心理学ならそうじゃないかもしれないが，ややもすれば亜流的な北米心理学では，方法と方法論を混同しているんだと。

彼が言っている方法と方法論の混同というのは，僕の言葉で言えばトイレット・トレーニングみたいなこと。方法論っていうのは研究過程のシステムだね。研究者の発想や暗黙の前提があって，現象に関してどんな前提のもとでどんなものを見出して切り取っていくか，どういう理論や仮説を作ったか。そこから理論や仮説を検証するために一定の方法を通してデータを作って，データの検証を通して，結果が仮説に賛成ならこういう結論で，そうでなければ仮説を修正するというふうにまたこのシステムに戻っていくという大きなシステムがあるんだ。彼が強調しているのは，その真ん中のところは，西田哲学の言葉を援用すると，研究者の直観的世界の把握ということになると思うが。とにか

182   15 優等生心理学からの脱却

く方法論の最初はまず研究者の主観的な世界把握がある。これは難しく考える
必要がない。単純に理解すれば，研究者がいろんな現象に対して主観的にどう
感じているのか，いいか悪いかおもしろいかというところから出発する。とい
うのは，そういうものの背後に，その社会で生活してきた人間として，当該社
会・文化にある価値，大前提というものがある。そういう一種の感動みたいな
ところから出発するんだということ。これは，輸入学問と僕が呼んでいるとこ
ろでは，あんまり考えてないようだ。本当はそういうふうにして創り上げられ
た理論から派生して，その理論だったらこういうデータが必要で，それなら後
で検証できる，そういう因果関係もあるというふうに考えているはず。

　でも日本の優等生心理学の場合は，これは非常に大雑把に言ってることに過
ぎないのですが，この部分が省略されて，その代わりに，北米の人たちの論文
や教科書を自分の世界の主観的な把握にとって代えた。本当は，我々は主観的
な把握から出発しなければいけないのに。でも，いろんな意味でそれができな
い。まずは自信がないからそんなことをしていいのかという心配もある。だか
ら欧米の人たちのものを借用するのね。それ自体は大きな問題がないと思うけ
ど，判断する際には最終的に自分自身に戻らなければいけないはずです。本当
は，日本人には自分のものがあるはずなのに，自分の文化，自分の社会を十分
理解していなくて，残念ながらそういうことができないでいる。そもそも，現
代化という方向性が西欧的な価値観に基づいていて，そのもとで教育を受けた
から，疑うことすらあまりしないのが一般的になっている。

　阿部謹也 [18] さんに言わせれば，この百何十年間，日本人の努力によって，
西洋のものを翻訳してきた。心理学でも社会学でも，何でもほとんど翻訳でき
た。例えば，「社会」という言葉は本当は明治 10 年か 17 年で，やっとできた言
葉だね。それ以前はそういう日本の言葉さえなかった。だからといって概念が
ないかと言うと，それはわからないが，多分同じ概念ではない。阿部謹也さん
が言っているのは，西洋ではまず個人があって，そこから社会があるという関

◇◇◇◇◇◇◇◇◇◇◇◇◇◇◇◇◇◇◇◇◇◇

18）阿部謹也　あべ・きんや（1935-2006）　ドイツ・ヨーロッパ中世史を専門とする歴史学者。
　　一橋大学名誉教授，元学長。著書に『ハーメルンの笛吹き男』（平凡社→ちくま文庫），『中世を
　　旅する人びと』（平凡社→ちくま学芸文庫，サントリー学芸賞）『中世の窓から』（朝日新聞社，
　　大佛次郎賞），『「世間」とは何か』（講談社現代新書）など多数。1997 年，紫綬褒章受章。

係だ。でも日本人は，少なくともそれらの関係の歴史はまったく違う。日本人にとってあるのは「世間」だと。世間のなかで，個人というのはほとんど見えなくなるぐらい。でも西洋の society と individual とは，日本の世間と世間のなかの個人とは全然違うものだと。

　だけど，現代の日本人にとっては，それぞれ「社会」と「個人」と翻訳してしまう。したがって，英語は日本語にも翻訳できるから元の概念は同じだとなる。すると自分も，結局は西洋の人と同じじゃないかとなる。あるいはさっき言った個人の主観的な世界の把握という点でいくと，それをいくら把握しても，西洋のものと同じであれば，主観的な把握をしているのは，北米の人であろうと日本人であろうと同じだとなるわけだ［笑］。

　K：ある意味，言語的な翻訳というものを，価値の翻訳と同じように見なしてしまう傾向っていうのがあると言うんですかね。要するに，individual に対応する個人という言葉を創りだしてくれば，すなわち，向こうの価値観を受け入れたというか，自分たちに浸透させたというふうに錯覚してしまうところがある。でも，やっぱり言語の翻訳と価値の翻訳は，かなり違うものであると。

　C：うん。ヴァルシナーはそこまで細かく言ってないみたいだけど，僕はそういうふうに理解している。例えば，自分が日本で育てられた日本人としてどのように世界を観ているのか，その背後にあるのはどういうものなのか，今となってはもうわかんないんだよね。我々の教育のなかでも特別にそれを強調しているわけじゃないし，むしろ，逆の方向だとさえ言える。今言ったように，どこかで，同じだけじゃなくて，欧米のものが良いんだ，そして我々が教育を受ける目的はそれを追求することだ，と。だから自分の世界観はこうだと identify しようにも，もうわからなくなるのではないかなって。［笑］

　K：今までのお話からすると，陳先生はヴァルシナーを優れた心理学者だと見ていらっしゃるようですね。

　C：少なくとも彼の言っていることは，非常に根本的なところを突いているように感じているね。

　K：北米とかヨーロッパに対抗し得るような，日本独自の心理学理論ができたことはあるんですかね。

　C：いや，作ろうとしている人はいるんだ。『勘の研究』の黒田亮 19) とか。

僕は小嶋秀夫[20]先生が日本的なものを言おうとしていたと思っていたんだけど，読んでいるうちによくわかんなくなったんですよ。小嶋先生はすごく歴史的なものを重視しているけど，本当に言いたいことを僕は今のところまだわかってない。あと，例えば土居健郎[21]さんの「甘え」の考え方は，日本的な視点からのものと言えるだよね。

K：なるほど，たしかに「甘え」は英語に翻訳できなくて，結局 Amae として輸出されていますね。似たようなのでは「過労死」も翻訳できないみたいですね。過労死はそのまま英語（Karōshi）になってる。

C：うちにいて外に出られない「ひきこもり」も，Hikikomori（イキコモリ）っていって，これもフランス語では翻訳できない。日本的な概念があっていいと思うんだ。

欧米の心理学教育は，自分たちの学問を自分たちの舞台でやっている。そこに文化相対的な視点を導入する人もいるかもしれないが，基本的には彼らはずっと一種の覇権主義のなかにいた。でも日本の状況は全然違う。我々の場合は，心理学も他の学問と同じように輸入学問なんだ。

輸入学問自体は問題ないと思うんです。今のほとんどの学問がそうで，しかも輸入学問のなかでノーベル賞級の人たちが日本から出るということも事実だから，学問が輸入されたのは問題ではない。問題は，輸入学問でありながら，輸入学問だったことを認めないで，いつまでも輸入学問の再生産，あるいは欧米の学問の再生産をしていることが問題じゃないかと思う。そこのことはまず認識する必要がある。もちろん，これは僕の言い方で，反論があってもいいと

19）**黒田亮　くろだ・りょう（1890-1947）**　心理学者。1924 年に，日本が 6 番目の帝国大学として日本統治下の朝鮮に設置した京城帝国大学の心理学専攻の教授となった。動物心理学にはじまり，勘や禅，中国思想史に関する研究を行ない，西洋心理学とは異なる視点からの独自の心理学を構想した。著書に『勘の研究』『続 勘の研究』（講談社学術文庫）など多数。

20）**小嶋秀夫　こじま・ひでお（1937-）**　教育心理学者，発達心理学者。名古屋大学名誉教授。親子関係とその発達に関する研究法，子育てに関する歴史・文化的視座からの研究を行っている。著書に『子育ての伝統を訪ねて』（新曜社），『心の育ちと文化』（有斐閣）など多数。

21）**土居健郎　どい・たけお（1920-2009）**　精神科医，精神分析家。東京大学名誉教授。メニンガー精神医学校およびサンフランシスコ精神分析協会に留学。「甘え」の概念を詳細に分析し，日本人の精神構造の中核を捉えたものとして海外でも高く評価されている。著書に『「甘え」の構造』（弘文堂），『「甘え」理論と精神分析療法』（金剛出版），『臨床精神医学の方法』（岩崎学術出版社）など多数。

思うんだけど，実際にこれは僕だけじゃなくて，他の日本の研究者も感じている。でも，多くの場合は，いわゆる亜流の欧米の心理学しかやってない。僕の言葉で言うと「優等生心理学」になる。優等生心理学はまずそれを越えないと，自分の心理学にならないんだよね。この問題を認識して，それを問題として議論し，結論として亜流ではないという結論ならまだいいんです。今の日本の大学での心理学の教育は，そこの問題をとばしていると思う。そのことを誰も言わないところに，ちょっと問題があるんじゃないかと思う。

　そこで，日本の主体性のある心理学が求められる。なぜそれを強調するかというと，ヴァルシナーの考え方に基づくと，北米の心理学も，西欧の人たちによる世界の把握の仕方を基礎にして創り出してきたものでしょう。彼らのなかには日本人に代わる人はいないから，日本人が自分たちで自分たちの世界観に基づいてものを見，理論を作りだして，それに適したデータをつくって検証して，出した結果を北米の心理学の概念・理論の枠組みに入れて，再検討して，ほら同じ結果だというならいいと思う。違うところがあれば，それを補い，修正していけば，これまでの心理学をより包括的な心理学として創り上げることができると思う。それはヴァルシナーの言う新しい学問の創造という意味だと僕は理解している。でも，今は我々が欧米の人の手伝いをしているだけで，新しい学問は彼らが創造している。そこを我々もやればもっと早く，新しい学問を創造できる可能性が出てくるんじゃないかと思う。ただし，私が強調しているのは民族主義的日本の心理学ではない。

　K：パラダイムという器は北米が与えていて，僕らはその器の中の料理が立派になるように一生懸命お手伝いをしているという感じで，器そのものについてはほとんど自覚がない。日本人は，それは正しく良きものだと思って。

　C：いや，良いものではあるんだけど，それは「より」良いものではない。よりいいものにするには我々による貢献が必要だと思う。この部分はやってみないとわからないが。でも，少なくとも今までの「優等生心理学」のままだけでは出せないと思うね。いったん彼らのことを客観視して，自分のものも意識してやらない限り，新しい学問の創造は難しいでしょうね。

186 15 優等生心理学からの脱却

■ 次世代の心理学徒へ

Ｉ：若い心理学者におすすめの本はありますか。

Ｃ：さっき出てきた，ヴァルシナーの "*Culture in Minds and Societies*" は多分参考になると思う。

Ｋ：日本人が書いた心理学の本でおすすめのものは。

Ｃ：佐々木正人[22] さんの『アフォーダンス入門』。あれはとてもいい心理学の入門の本として，僕は4月からそれを授業で取り上げようと思っているくらい。

Ｋ：最後になりますが，今回作っている本は，だいたい学部の3，4年生からマスターぐらいの，日本で心理学をこれから本格的に学ぼうと思っている人たちに向けての本なんですね。学部から大学院に入ったぐらいの人たちに，メッセージをいただけないでしょうか。

Ｃ：さっきの繰り返しになりますが，一番大事なことは主体性をもつことだと思う。西洋のものを否定するんじゃなくて，西洋のもの "も" 参考にする。でも参考にしながら主体性を失ってはいけない。主体性はなくてはいけない。でも，（主体性という）言葉はわかると思うけれど，主体性とは何か，実感として，どうやればいいのかというのはなかなか一言では言えない，難しい。

Ｋ：実感と言うのは，自分が経験することと，理論の研究が結びついてくるという意味での実感ですか。

Ｃ：うーん。いくつかの可能性が考えられると思うんです。1つは，欧米の人たちの本とか論文を読んで，これはおもしろい！と感じるというのもあるね。もう1つは直観的に，こういうのがおもしろそう，なんでこうなの，という実感。最初に自分の心を動かすものがあると思うんです。それが主観的な把握で，それを大事にするということ。

先ほど指摘した優等生心理学あるいは日本の心理学の問題だけど，例えば，

---

22) **佐々木正人　ささき・まさと**（1952-）　生態心理学者。ジェームズ・ギブソンのアフォーダンス理論を日本に広く普及させた。アフォーダンス理論を，運動，アート，ナビゲーション，リハビリテーションなどの分野に応用した研究を精力的に行っている。著書に『からだ：認識の原点』（東京大学出版会），『アフォーダンス：新しい認知の理論』（岩波書店），『アフォーダンス入門』（講談社学術文庫）など多数。

子どもの絵が主観的におもしろいといったときに，すぐ先生に，どの本を読んだらいいかと尋ねる。すると先生は本や論文を紹介して，学生はそれを読む。そうして最初の自分の感動を忘れて，もうほとんど取り上げることもない。先生も学生もそれが学習だと思うことになる。非常に幸いな場合は，その人が後で自分の初心に戻ることができて，その後に接したものと比較したりして，自分の特色みたいなものをやっぱり打ち出したいとか。でもそれは100人の中に1人，2人いるかいないかなんですよ。非常に難しいんだけど，最初のときから自分の感動を大事にした方がいいと思うね。今そんなことを言ったって，先生に聞いたら欧米の人たちの著書とかが推薦されて，ヴァルシナーの言ったようなこともすぐ忘れちゃう。本当は研究者が主体性をもってその推薦されたものも検討してみて，自分のなかで対話をさせるべきです。自分の考えなら，こうならこうなるはず，ならばこうやってみるとかね。そういうことが起こるといいなと思うのです。

　K & I：私たちの課題が見えてきたように思います。本日はありがとうございました。

2011 年 3 月 7 日　陳省仁氏宅にて

あとがき

　心理学で理論が語られるとき，しばしば対立させられる言葉が2つあります。1つは実践で，「理論なんかいくら知っていても実践では役に立たない」というような対立。もう1つは実証（研究）で，「理論などは年を取ってからやるもので，若いうちはしっかり実証研究をしなさい」というような対立。いずれも本来は対立するものではないはずですが，どうも対立させて語りたがるくせが心理学界隈にはあるように思われます。これらの問題と本書がどのような関係にあるのか，それについて編者の一人として考えを述べ，あとがきとしたいと思います。

　理論と実践との関係については，古くはクルト・レヴィンが"There is nothing so practical as a good theory（「よい理論ほど実践的なものはない」）"と言っているように，本来，優れた理論は，実践的にも新しい方向性を拓くものです。もしそれがうまくいっていないのだとするなら，それはいわゆる理論自体が実践的でないということを意味しているというよりも，理論がもつ実践性をうまく翻訳できていないか，あるいはそれを使う側の能力の問題を意味しているように思います。つまり，あらゆる道具がそうであるように，理論もそれを使う人を選ぶのです。本書では，いくつかの章で，理論がもつ実践性をなるべくわかりやすい形で翻訳する努力をしたつもりです。もちろん，その努力で十分だとは言えないかもしれませんが，この「理論がもつ実践性」というものを少しでも感じてもらえたらと思います。そして，少々欲張りなことかもしれませんが，編者としては，それが何らかの形で優れた実践家たちの目にとまり，理論がもつ実践性がさらに引き出されんことを密かに願っています。

　後者の理論と実証の対立については，陳先生へのインタビューのなかでも「理論は後でいい」という形で出てきました。読者の中には「理論はいいから，まずはメジャーなジャーナルに載る実証研究をしなさい」，つまり，「理論などにこだわると実証研究ができなくなるよ」といった親切な忠告を受けてきた／

受けている人も多いのではないでしょうか。しかし，私たち自身，若手から中堅と言われはじめる年代にさしかかって思うことは，理論的なものへの関心こそが，「自らの課題の追求」といった研究者としての主体性を維持する源泉なのではないかということです。研究費の外部化・競争化，わかりやすく短期的な効果のことを実践性と捉えがちな社会情勢のなかで，「与えられた課題」や「研究費を取れる課題」ではなく，自分自身の研究課題をもち，追求し続けることはそんなに簡単なことではありません。そんなときに理論とどう向き合ってきたのかということが，ただ現状に流されるのではなく，そのなかで立ち止まってモノを考える力になると思います。陳先生へのインタビューは，心理学における先人が，波乱に満ちた人生のなかで理論というものとどのように向き合い，自身の研究を進めてきたのかを，「研究人生のおもしろさ」として前向きに私たちに伝えてくれるのではないかと思い企画しました。

　私たちのねらいがどこまで達成されているか，それは読者の方の判断にゆだねるしかありません。ただ本書のねらいが，「論文を書きたい」「業績を積みたい」といった今ここのニーズを満たすことだけでなく，若手研究者の5年後，10年後の未来にも向けられているということをどこか心の隅にとどめて読んでいただけるとありがたいです。

　これが本書のタイトル，「ひとつ上をいく」に込めた編者からのメッセージです。

　最後に，「いつも私たちと一緒に考えてくれる」ナカニシヤ出版の山本あかねさんに心から感謝を述べたいと思います。

執筆者を代表して
加藤弘通

事項索引

あ行

I　127
アヴェロンの野生児　16
アセスメント　52
頭の中の知識　105
あたりまえ　107
集まり　138
アニミズム（汎心論）　25
アフォーダンス　2
安定期　49
安定的語り　110
異議申し立て　119
意志　14
意識　60, 129
異食行動　44
一次的創造性　97
一般化された他者　124, 151
遺伝か環境　100
意図性　75
意図的行為主体　75
意図理解　70
意味　104, 114
　　──づけ　114
　　──の多元性　115
因果図式　98
インタビュー　145
ヴィクトール　16
FD　66

か行

解体　105

概念的自己　76
外発的動機づけ　33
会話の順番取りシステム　145
会話分析　144
科学的心理学　105
学業成績　156
学習　33, 59
　　──I　118
　　──II　118
　　──III　118
　　──のレベル　118
覚醒　101
下降的語り　110
課題（チャレンジ）　93
語り言葉　11
語りの形式　109
価値　107
活動　14, 28, 58
　　──理論　59
カニッツァの三角形　4
可能性　120
貨幣的知識観　86
感覚　1
　　──運動期　26
環境　2
　　──構成　112
関係性理論　105
観察　30
感情　104
危機期　49, 52, 54
帰属理論　156
キネシクス　141

機能主義　6
キャリア・カウンセリング　101
9か月革命　70
教育問題　122
鏡映自己像　132
教示による学習　70
協働　63
協同学習　33
共同注意　11, 75
協同による学習　70
挙手　157
儀礼　139
均衡　27
　　──化　27
　　──説　28
偶有性　120
具体的知能操作　26
くつろぎ　101
クライエント　115
　　──中心療法　117
　　──の物語　115
グラウンデッド・セオリー　141
経験論　29
ゲシュタルト心理学　29
ゲシュタルト派心理学　4
言語　10
　　──獲得装置　73
　　──習得　73
　　──発達　10
現実　104

権力関係　112, 116
権力構造　118
行為　58
　　——可能性　63
構成概念　108
構成主義　103
構成説　28
構造　27
行動主義　7, 84, 128
　　——心理学　29
行動療法　117
幸福　92
心の問題　117
心の闇　149
ごっこ遊び　125
古典的条件づけ　84
コミュニケーション
　　149
孤立性　38
コントロール　101

さ行

最近接発達領域　54, 55
再構成　105
最適経験　93
指し言葉　11
三項関係　125
シカゴ学派社会学　141
刺激　129
　　——の貧困　73
　　—— - 反応　129
自己　76, 104, 124, 140
　　——意識　132
　　——鏡映像認知　76
　　——決定理論　155
　　——実現　96
　　　——の創造性　96
　　——責任論　104
　　——中心性　25
　　——統制感　93

　　——についての語り
　　　109
　　——反省　105
　　——評価　112
　　——目的的　93
　　　——な自己　95
　　——論　128
至高体験　97
システム　27
実践性　111
実践的　121
実存論　30
質的研究　141
社会
　　——化　31, 143
　　——学的想像力　152
　　——構成主義　104
　　——構造　149
　　——システム　143
　　——心理学　106
　　——的関係　60
　　——的行事　138
　　——的構築主義　106,
　　　117
　　——的事実　140
　　——的状況　138, 152
　　——的相互作用　106,
　　　151
　　——的文脈　155
自由　64
習熟　59
就職支援　101
集中力　94
主観的経験　129
主体　103, 115
　　—— - 客体の二項図式
　　　61
　　——性　63
上昇的語り　110
情報　3

自律性　133
　　——対恥・疑惑　133
　　——支援　155
人格　60
人工論　25
診断　51, 52, 55
心理学の危機　50
心理社会的危機　133
心理主義化　152
心理的選択　97
心理的なレベルでの選択・
　　淘汰　97
進路指導　101
随意性　20
衰退の物語　103
スパイラルカリキュラム
　　88
生活実践　109
精神分析　117
生成文法　73
生態学的アプローチ　1
生得論　77
生物学的選択　97
セラピー　104
セラピストの物語　115
専門性　101
相互依存性　4
相互行為　139
　　——の秩序　138
　　——分析　145
相互作用　104
操作　58
創造性研究　100
創造的感情　94

た行

退屈　95
態度　126
多元的な解釈可能性
　　115

索　引　**193**

他者　124
多重知能理論　100
脱中心化　27
楽しみ　92
断片視　6
地域と学校との連携
　112
知覚　1
知性　14
知的障害　13, 39
抽象的知能操作　26
調節　27
直接知覚　3
治療者の専門性　116
抵抗　19
適応主義　117
デザイン　10
TV 視聴　99
同一化　75
同一性保持　38
同化　27
動機　58, 147
　　——づけ　33, 147
　　　自律的な——　155
　　——なき犯罪　149
　　——の語彙　148
　　——リスト　150
　　　犯行の——　147
　　　不透明な——　149
統合失調症　39
動詞の島仮説（verb island
　hypothesis）　72
投射　93
特別才能の創造性　96
ドラマトゥルギー　142

な行
内観法　128
内発的動機づけ　33
内面化　143

物語（ナラティヴ）　87
ナラティブ・セラピー
　115
ナラティブスロープ
　110
二元論　6
二次的創造性　97
ニッチ　2
乳児　125
人間性心理学　96
認知主義　105
ネガティブ・サイコロジー
　101
年齢　48, 49, 55, 56
　　——的新形成物　49,
　53
能力（スキル）　93

は行
パーソナリティ・システム
　143
媒質　7
発生　28
「発生的」視点　30
発生的認識論　28
発達障害　122
発達段階　48
発達の最近接領域 → 最
　　近接発達領域
発達論　48-52, 56
話し言葉　13
パラダイム　31, 108
反応　129
比較認知科学　68
ひきこもり　65
必然性　120
批判心理学　63
表面　7
不安　95
フィードバックへの不断の

注意　95
フェミニズム　117
　　——教育　109
複数の解釈可能性　115
不自由　64
ブックスタート　83
物質　7
不適応　120
不登校　117
普遍文法　73
プラグマティズム　5-6,
　130
フロー　93
文化システム　143
文化的学習　70
文化的選択　97
包囲光　2
　　——配列　3
方法論　108, 128
ポートフォリオ評価
　112
ポストモダン　117
　　——思想　106
没頭，没入　93

ま行
me　127
身振り　125
無知の姿勢　116
目から鱗体験　112
面目　138
目的　58
　　——論　25
物語　107
　　——論　110
模倣　74
　　——による学習　70
問題解決能力　103

や行

役割　126
やる気　147
有意味シンボル　125
誘発性　5
ゆとり教育　33
用法基盤理論　74

予後　38

ら行

ラチェット効果　75
ラベリング理論　141
リフレクティング法　116

領域一般的　31
領域特殊的　31
累進的な文化進化　75
ルージュテスト　132
霊長類　68
レディネス　89
連合主義　29

人名索引

あ行

青木　保　164
青柳　肇　147, 155
赤井利行　89
赤木和重　22, 23, 46
秋田喜代美　86, 87
麻生　武　30
アプソップ（Apthorpe, R.）
　162-164
阿部謹也　182
アンダーソン，H.　116
アンデルセン，T.　116
イーザー（Iser, W.）　85
石坂好樹　40
石飛和彦　143
イタール（Itard, J.）
　16, 17
板倉昭二　78
市川　功　29, 30
市川伸一　34
伊藤　勇　131
稲垣佳世子　31
伊奈正人　150-152
井上　俊　151, 156
岩立志津夫　72

ヴァルシナー（Valsiner,
　J.）　179, 181, 183,
　185-187
Varenne, H.　144
ヴァンカン，Y.　140-
　142
ヴィゴツキー（Vygotsky,
　L. S.）　31, 49-57,
　103, 105, 178, 181
ウェーバー（Weber, M.）
　150
Wellman, H. M.　31
ヴント（Wundt, W. M.）
　128, 129, 176, 177
エリクソン（Erikson, E.
　H.）　48, 133
エンゲストローム，Y.
　59, 63
エンゲルス（Engels, F.）
　71, 72
大久保智生　148, 149,
　153-156
大澤真幸　122, 124
岡本夏木　27, 29
岡本依子　48

岡田　涼　155

か行

ガーゲン（Gergen, K. J.）
　104-106, 108-111, 113,
　115
ガース（Gerth, H. H.）
　150
ガードナー（Gardner, H.）
　100
風祭　元　39
加藤弘通　30, 54, 65, 79,
　100, 156
加藤義信　29
カナー（Kanner, L.）
　36-46
鏑木良夫　34
川口幸宏　14, 17, 18
川田　学　56, 79
ギアーツ（Geertz, C.）
　85
キーナン，J. P.　132, 133
ギブソン（Gibson, J. J.）
　1-11
ギャラップ（Gallup, G. G.

索　引　**195**

Jr.）　132
グーリシャン，H.　116
クーン，T.　31
Goodwin, C.　145
クレペリン（Kraepelin, E.）
　39
黒沢　香　148, 153, 155
黒田　亮　183, 184
ケアリー，S.　31
ケイ，J.　115
ゲゼル（Gesell, A.）　51
Gelman, S. A.　31
コール（Cole, M.）　171
小嶋秀夫　184
ゴッフマン（Goffman, E.）
　138-145
後藤　武　10
小林春美　79
コント（Comte, A.）
　140
近藤邦夫　90

さ行
サール（Searle, J. R.）
　85
斉藤淑子　15, 18
佐々木正人　10, 186
サックス（Sacks, H.）
　144
ジェイムズ（James, W.）
　6
清水　寛　15, 18
シャクリー，B. D.　112
Juvonen, J.　156
蔣　介石　161
ジョンソン（Johnson, M.）
　85
菅野幸恵　48
スキナー（Skinner, B. F.）
　73

祐宗省三　165
Zukow, P. G.　10
ストラウス（Strauss, A)
　141
スミス，E. E.　1
セガン（Seguin, E.）
　13-24

た行
ダーウィン（Darwin, C.）
　72
高岡　健　40
高旗正人　143
タルボット，M. E.　15
チクセントミハイ
　（Csikszentmihalyi,
　M.）　92-100
チョムスキー（Chomsky,
　N.）　73, 77
塚田 - 城みちる　48
Deci, E. L.　155
デューイ（Dewey, J.）
　128
デュルケーム（Durkheim,
　E.）　140
土居健郎　184
Tolman, C. W.　60, 63
トマセロ（Tomasello, M.）
　68-79

な行
中垣　啓　31, 32
中島義明　128
ナカムラ，J.　96
中村和夫　56
夏堀　睦　30, 54, 79, 96,
　100, 112
西川珠代　151
ニュートン，I.　180
ノーマン，D. A.　10

は行
バー，V.　106
バーク（Burke, K.）　151
パーソンズ（Parsons, T.）
　143
バードウィステル
　（Birdwhistell, R. L.）
　140
バターワース，G.　30
波多野完治　26, 31, 179
パブロフ（Pavlov, I. P.）
　84
ハリス，M.　30
ピアジェ（Piajet, J.）
　25-34, 48, 103, 105,
　110, 178, 179
ビネー（Binet, A.）　30
平川和子　117
平野　耿　130
広田照幸　153
ピンカー，S.　73
ファース，H. G.　33
藤井力夫　20
藤原信行　152
船津　衛　152
ブラックモア，S.　131
フランクル（Frankl, V. E.）
　96
フリードマン（Freedman,
　M.）　163, 164, 168
フリス，U.　36
ブルーナー（Bruner, J. S.）
　73, 81, 82, 84-86, 88-90
フレイレ（Freire, P.）
　86
フロイト（Freud, S.）
　110
ブロイラー（Bleuler, E.）
　39
ベイトソン（Bateson, G.）

118

ベッカー（Becker, H.）
141

宝月　誠　141, 149

ホルト（Holt, E. B.）　6

本多　啓　11

ま行

Murdock, T. B.　156

McDermott, R.　144

マスロー（Maslow, A. H.）
96

松岡正剛　8

松沢哲郎　68, 69, 79

マルクス（Marx, K.）
71

マレー（Murrey, H. A.）
150

ミード（Mead, G. H.）
124-135, 151

三浦雄二　149

三隅一成　128

三宅和夫　165

明和政子　69

ミルズ（Mills, C. W.）
148-157

村上公也　22, 23

や行

安川　一　139

山口昌男　163, 164

湯浅　誠　83

ら行

Ryan, R. M.　155

リード, E.　5, 6, 10, 11

ルイス（Lewis, M.）
132

レイコフ（Lakoff, G.）
85

レヴィン（Lewin, K.）
5, 53

レオンチェフ（Leont'ev,
A. N.）　58-65, 67

ロゴフ（Rogoff, B.）　82,
171

ロジャース（Rogers, C.）
96

ロック（Locke, J.）　174

ロンバード, T.　4, 6

わ行

鷲見たえ子　40

ワックス, H.　33

ワトソン（Watson, J. B.）
108, 128

ワロン（Wallon, H.）
30, 178, 179

執筆者一覧（五十音順, *は編者）

赤木和重（あかぎ　かずしげ）　2章・4章
神戸大学大学院人間発達環境学研究科准教授（発達心理学）
1975年生まれ。京都大学教育学部卒業，神戸大学大学院総合人間科学研究科博士後期課程修了［博士（学術）］。『キミヤーズの教材・教具：知的好奇心を引き出す』（共編著，クリエイツかもがわ，2011年），『見方が変われば願いが見える：保育・障害者作業所の実践を拓く』（共編著，クリエイツかもがわ，2009年）など。
修論：青年期自閉症者における鏡像認知と自他認識の発達：健常幼児との比較を通して
博論：重度知的障害のある青年期自閉症者における自己発達と自他関係の構造

伊藤　崇（いとう　たかし）　1章・13章・15章
北海道大学大学院教育学研究院助教（言語心理学・発達心理学）
1975年生まれ。筑波大学第二学群人間学類卒業，同大学院心理学研究科博士課程単位取得退学。『卒論・修論をはじめるための心理学理論ガイドブック』（分担執筆，ナカニシヤ出版，2007年）など。
卒論：幼児の音韻分解意識と手あそびパフォーマンスの関連
修論：幼児における同期的な発声の相互調整過程

大久保智生（おおくぼ　ともお）　14章
香川大学教育学部准教授（教育心理学・犯罪心理学）
1977年生まれ。関西学院大学文学部卒業，早稲田大学大学院人間科学研究科博士後期課程修了［博士（人間科学）］。『青年の学校適応に関する研究』（ナカニシヤ出版，2010年），『実践をふりかえるための教育心理学』（共編著，ナカニシヤ出版，2011年）など。
修論：個人／環境の適合からみた適応感に関する研究
博論：青年の学校適応への関係論的アプローチ

大村　壮（おおむら　そう）　12章
常葉学園短期大学保育科講師（発達心理学・社会心理学）
1974年生まれ。中央大学文学部卒業，同大学院文学研究科博士後期課程単位取得退学。『やさしい心理学』（分担執筆，ナカニシヤ出版，2003年），『未来をひらく心理学入門』（分担執筆，八千代出版，2007年）など。
卒論：女子大学生の対人関係による化粧行動の変化：日常生活における自己呈示としての化粧
修論：療養型病床群病院入院高齢患者を対象とした自己変容の考察：身体との関係から

加藤弘通（かとう　ひろみち）*　6章・11章・あとがき
静岡大学大学院教育学研究科准教授（発達心理学・臨床心理学）
1973年生まれ。中央大学文学部卒業，同大学院文学研究科博士後期課程単位取得退学［博士（心理学）］。『問題行動と学校の荒れ』（ナカニシヤ出版，2007年），『迷走する若者のアイデンティティ』（分担執筆，ゆまに書房，2005年）など。
卒論：学校生活における問題行動についての一考察：学校文化／風土との関連から
修論：問題行動と学校の関わりについての一考察：ひとりの中退者の事例をもとに
博論：中学・高校生における問題行動の継続化および集団化の研究：学校・学級の荒れと生徒文化の関係についての社会・心理的検討

川田　学（かわた　まなぶ）　7章・15章
北海道大学大学院教育学研究院附属子ども発達臨床研究センター准教授（発達心理学）
1973年生まれ。東京都立大学人文学部卒業，同大学院人文科学研究科博士課程（心理学専攻）単位取得退学。『親と子の発達心理学』（分担執筆，新曜社，2007年），『小学生の生活とこころの発達』（分担執筆，福村出版，2009年）など。
卒論：自我が形成されるとはどういうことか：ある障がいを担った子どもの事例から
修論：食事場面における乳児の自己主張と社会関係の変容：役割交替現象の出現をめぐって

常田美穂（つねだ　みほ）　8章
香川子ども子育て研究所所長（NPO法人わははネット内）
1972年生まれ。弘前大学教育学部卒業，北海道大学大学院教育学研究院単位取得退学（発達心理学）。『やさしい発達心理学』（分担執筆，ナカニシヤ出版，2008年），『発達心理学―周りの世界とかかわりながら人はいかに育つか』（分担執筆，ミネルヴァ書房，2009年）など。
卒業研究：保育園における兄弟の遊び方の違い
修論：母子相互交渉場面における乳幼児の注視行動の発達

布施光代（ふせ　みつよ）　3章
明星大学教育学部准教授（発達心理学）
1974年生まれ。埼玉大学教育学部卒業，名古屋大学大学院教育発達科学研究科博士後期課程単位取得退学［博士（心理学）］。『小学生の生活とこころの発達』（分担執筆，福村出版，2009年），『幼児・児童の発達心理学』（分担執筆，ナカニシヤ出版，2011年）など。
卒論：子どもの生物学的概念の発達的変化について―子どもの生物学的世界における「ヒト」の位置―
修論：子どもにおける人間の概念と発達的変化
博論：児童期における生物に関する素朴概念の発達―人間概念を中心とした発達的変化の検討―

松本博雄（まつもと　ひろお）　5章
香川大学教育学部准教授（教育心理学・発達心理学・発達臨床心理学）
1973年生まれ。中央大学文学部卒業，同大学院文学研究科博士後期課程単位取得退学。『子どもとつくる0歳児保育：心も体も気持ちいい』（共編著，ひとなる書房，2011年），『保育にいかす精神保健』（分担執筆，建帛社，2010年）など。
卒論：幼児期における内言機能の発達に関する心理学的研究
修論：幼児期における音韻自覚の発達―特に音素自覚に関して

山本　睦（やまもと　ちか）＊　はじめに・9章・10章
富士常葉大学保育学部准教授（教育心理学）
1965年生まれ。東京都立大学大学院人文科学研究科博士課程修了［博士（教育学）］。『創造性と学校：構築主義的アプローチによる言説分析』（ナカニシヤ出版，2005年），『発想と企画の心理学』（分担執筆，朝倉書店，2010年）など。
卒論：化粧の心理的効果に関する一考察
修論：幼稚園年長児における物語創作過程の心理学的分析
博論：物語創作領域の創造性評価に関する構築主義的研究

**ひとつ上をいく卒論・修論を書くための
心理学理論ガイドブック**

2011 年 8 月 20 日　初版第 1 刷発行　（定価はカヴァーに表示してあります）

編　者　山本　睦
　　　　加藤弘通
発行者　中西健夫
発行所　株式会社ナカニシヤ出版
〒606-8161　京都市左京区一乗寺木ノ本町 15 番地
　　　　　　Telephone　　075-723-0111
　　　　　　Facsimile　　075-723-0095
　Website　http://www.nakanishiya.co.jp/
　E-mail　　iihon-ippai@nakanishiya.co.jp
　　　　　　郵便振替　01030-0-13128

装幀＝白沢　正／印刷・製本＝ファインワークス
Printed in Japan.
Copyright © 2011 by C. Yamamoto & H. Kato
日本音楽著作権協会　（出）許諾第 1108740-101 号
ISBN978-4-7795-0574-4